高等职业教育智能制造类新形态一体化教材

江苏省高等职业教育数控技术高水平专业群建设成果

机械图样的绘制与识读习题集

（第二版）

JIXIE TUYANG DE HUIZHI YU SHIDU XITIJI

主　编　潘安霞　陆　萍

中国教育出版传媒集团
高等教育出版社·北京

内容提要

本书是江苏省高等职业教育数控技术高水平专业群建设成果，是《机械图样的绘制与识读》(第二版)的配套习题集。

本书编排顺序与主教材一致，主要内容包括：轴套类零件的图样绘制与识读、盘盖类零件的图样绘制与识读、叉架类零件的图样绘制与识读、箱体类零件的图样绘制与识读、装配体的测绘与识读、使用第三角投影绘制机件图样。本书配套了参考答案、模型等。

本书适合作为高等职业院校机械制图课程的配套练习教材。

图书在版编目(CIP)数据

机械图样的绘制与识读习题集 / 潘安霞，陆萍主编.
2 版. -- 北京 ： 高等教育出版社，2025.7(2025.8 重印). -- ISBN
978-7-04-065060-0

Ⅰ. TH126-44

中国国家版本馆 CIP 数据核字第 20252VM132 号

策划编辑 仇晓晴 **责任编辑** 谢永铭 仇晓晴 **封面设计** 张文豪 **责任印制** 高忠富

出版发行	高等教育出版社	**网　址**	http://www.hep.edu.cn
社　址	北京市西城区德外大街 4 号		http://www.hep.com.cn
邮政编码	100120	**网上订购**	http://www.hepmall.com.cn
印　刷	浙江天地海印刷有限公司		http://www.hepmall.com
开　本	787 mm×1092 mm 1/16		http://www.hepmall.cn
印　张	14.25	**版　次**	2016 年 9 月第 1 版
字　数	202 千字		2025 年 7 月第 2 版
购书热线	010－58581118	**印　次**	2025 年 8 月第 2 次印刷
咨询电话	400－810－0598	**定　价**	35.00 元

物 料 号 65060-00

配套学习资源及教学服务指南

本书配套微视频、立体模型、参考答案等学习资源，在书中以二维码链接形式呈现。手机扫描书中的二维码进行查看，随时随地获取学习内容，享受学习新体验。

多媒体资源：

- 授课用PPT课件
- 主要知识点讲解微视频
- 典型习题参考答案
- 立体模型

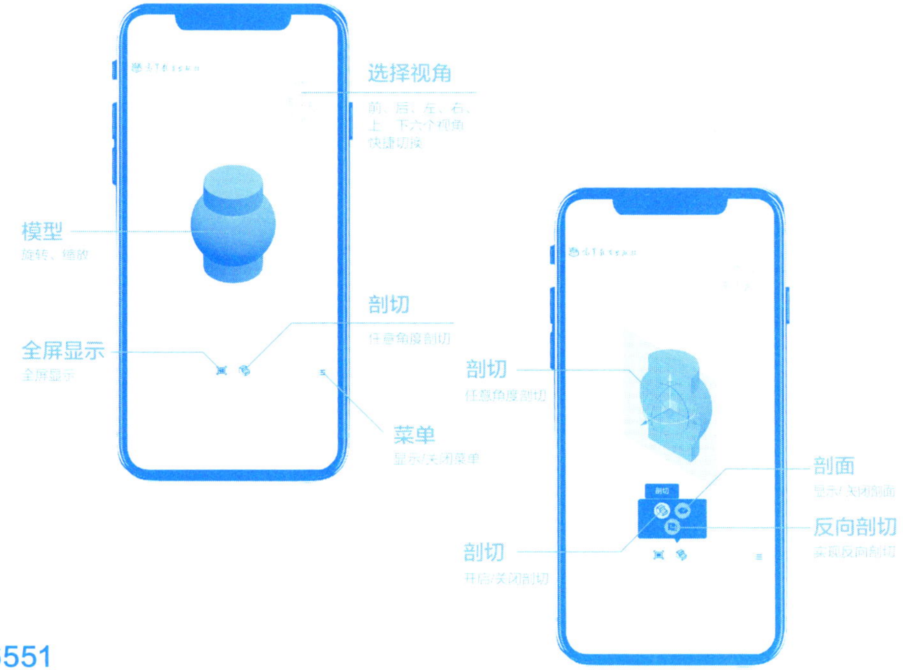

★ 如您有任何问题，可加入QQ群：工科类教学研究中心：240616551

前　言

本书是高等职业教育教学用书，是潘安霞、朱月红主编的《机械图样的绘制与识读》的配套习题集。本书作为江苏省高等职业教育数控技术高水平专业群建设成果之一，在装备制造类专业机械制图课程的教学改革中具有引领作用。

本书围绕轴套类零件的图样绘制与识读、盘盖类零件的图样绘制与识读、叉架类零件的图样绘制与识读、箱体类零件的图样绘制与识读、装配体的测绘与识读以及使用第三角投影绘制机件图样 6 个模块，依据项目教学所涵盖的知识组织习题编排，既符合职业教育教学规律，又遵循由浅入深、由简单到复杂、由单一到综合的原则，符合职业院校学生的认知规律。

本书采用了最新的国家标准，并注重新旧标准的衔接。学生在完成习题的过程中，会应用到生产车间常用的测量方法和手段，通过反复练习使用测绘工具逐步掌握从事实际工作的基本能力和基本技能。

本书由潘安霞、陆萍编写。在编写过程中得到了中车戚墅堰机车车辆工艺研究所有限公司汪向众高级工程师、常州联翔机械装备有限公司蒋克高级工程师的大力支持和帮助，王荣兴老师也对本书的编写提供了帮助，编者在此一并致谢。

限于编者的水平，书中难免有错误与不当之处，恳请读者批评指正。

编　者

目　录

模块一　轴套类零件的图样绘制与识读

项目一　磁铁座零件图的绘制与识读

1-1-1　字体练习

设 计 平 立 侧 主 仰 俯 视 向 剖 断 面 前 后 左 右 内 外 中 高 低

abcdefghijklmnopqrstuvwxyz

ABCDEFGHIJKLMNOPQRSTUVWXYZ

αβγδεηθικλζνξοπρσμτυφχψω

Ⅰ Ⅱ Ⅲ Ⅳ Ⅴ Ⅵ Ⅶ Ⅷ Ⅸ Ⅹ

姓名　　　班级　　　学号

1-1-2 图线画法练习

在指定位置画出对应的图线。

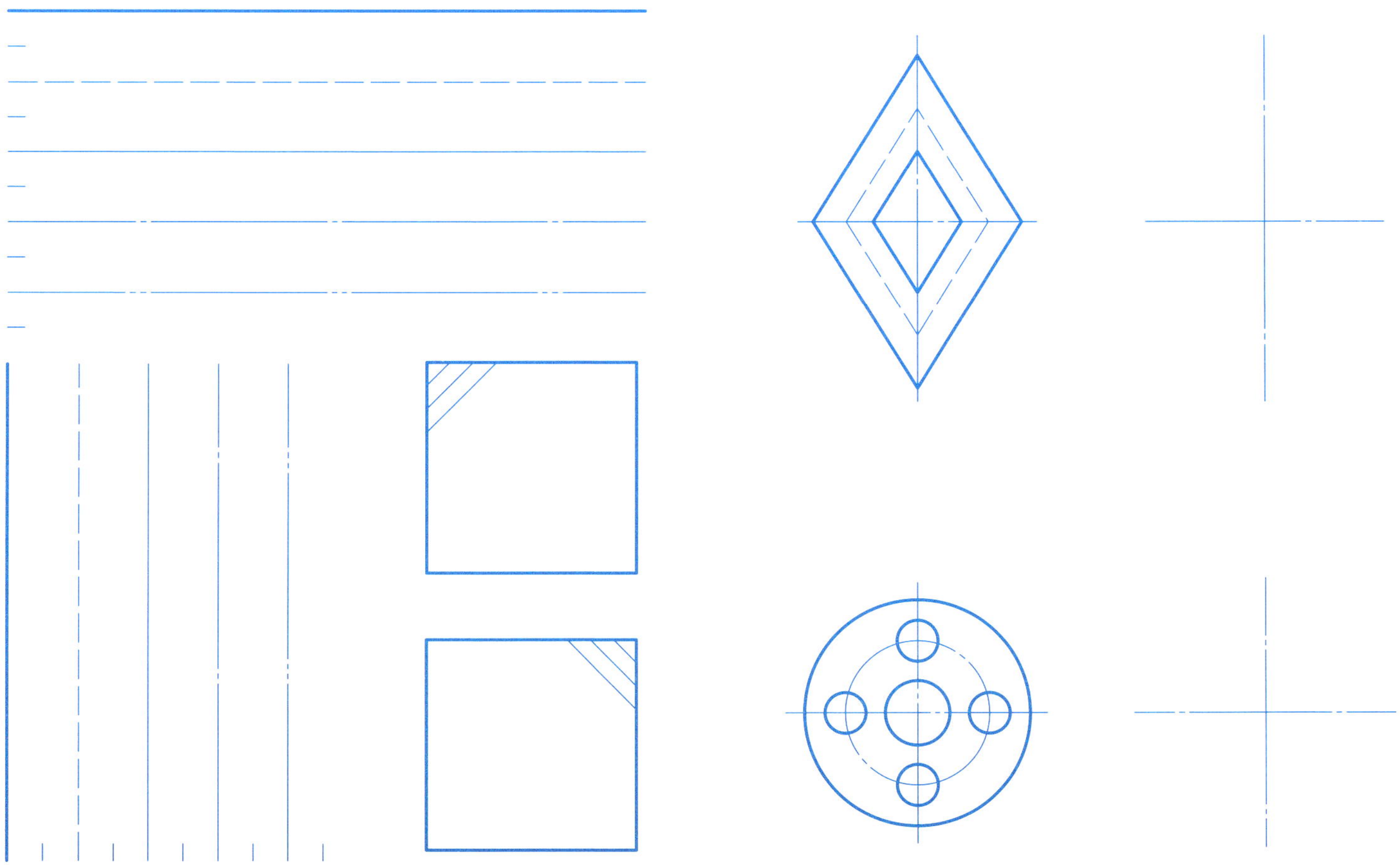

姓名　　　班级　　　学号

1-1-3 尺寸标注练习(一)

1. 标注图中的尺寸(按 1∶1 量取,取整数)。

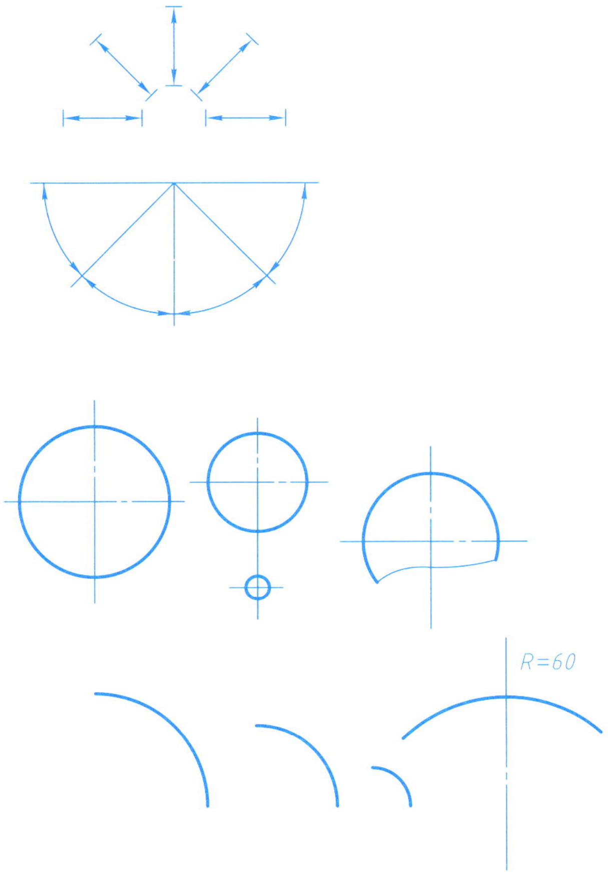

2. 参照下图,按 1∶2 比例画出图形,并抄注尺寸。

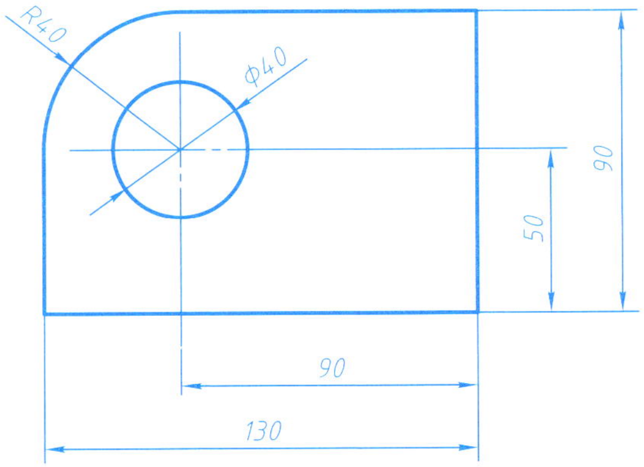

姓名　　　　班级　　　　学号

1-1-4　尺寸标注练习(二)

1. 补画箭头,并标注尺寸数字(按 1∶1 量取,取整数)。

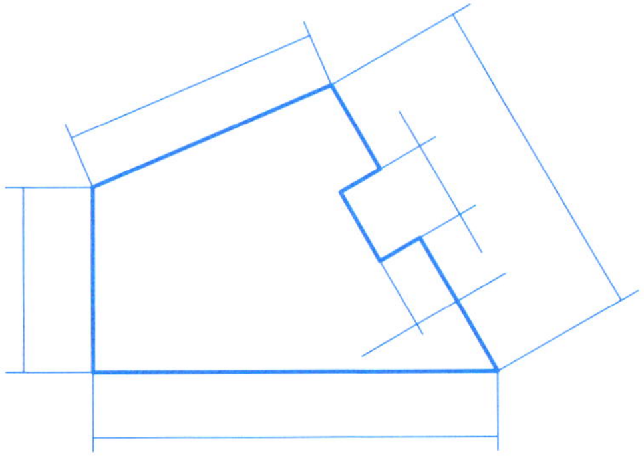

2. 填写图中尺寸数字(按 1∶1 在图中量取,取整数)。

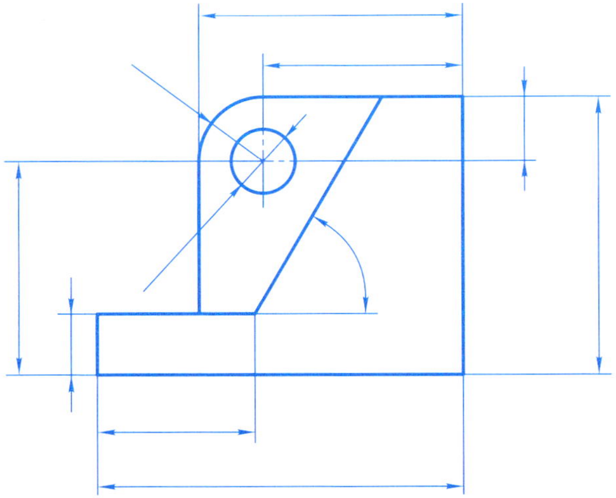

3. 指出图中错误的尺寸标注,并正确标注在下图中。

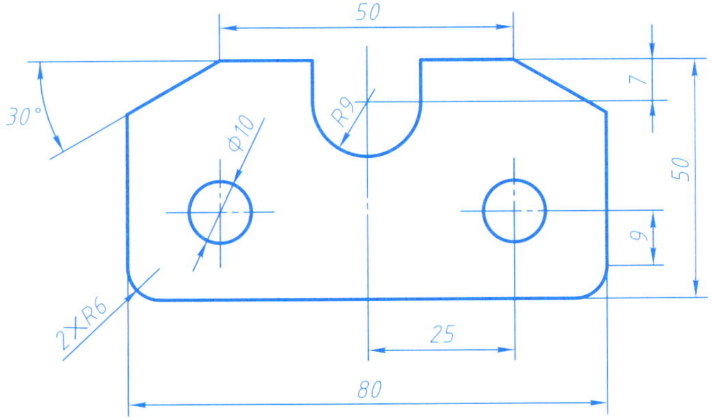

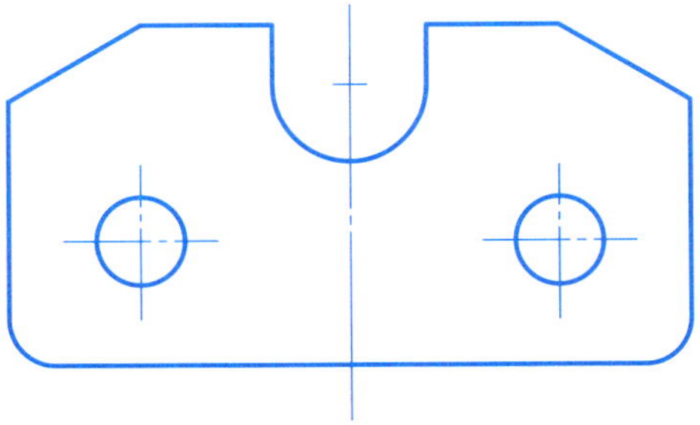

姓名　　　　班级　　　　学号

1-1-5　基本图形画法练习

参照图例用给定的尺寸作圆弧连接。

(1)

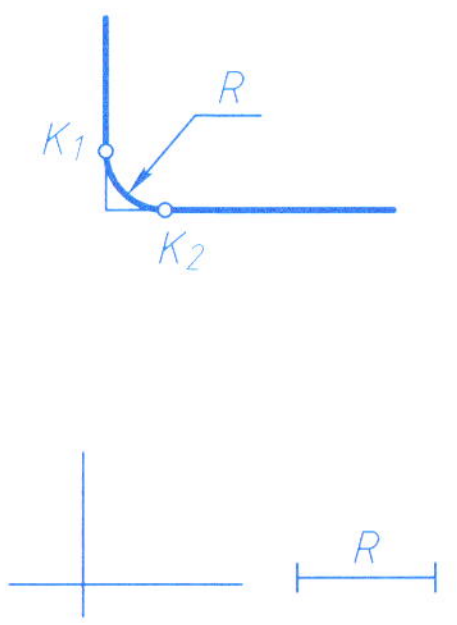

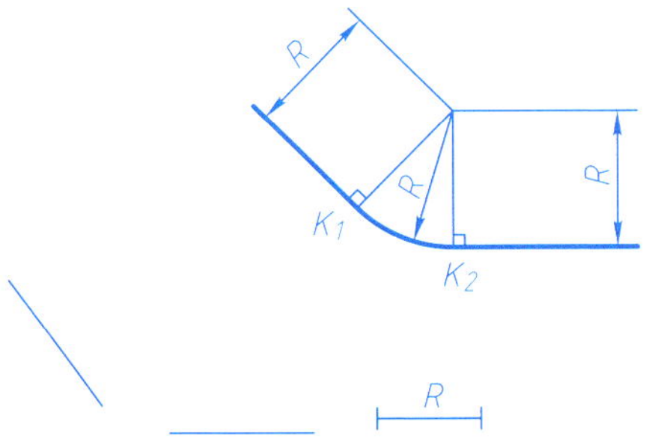

(2)

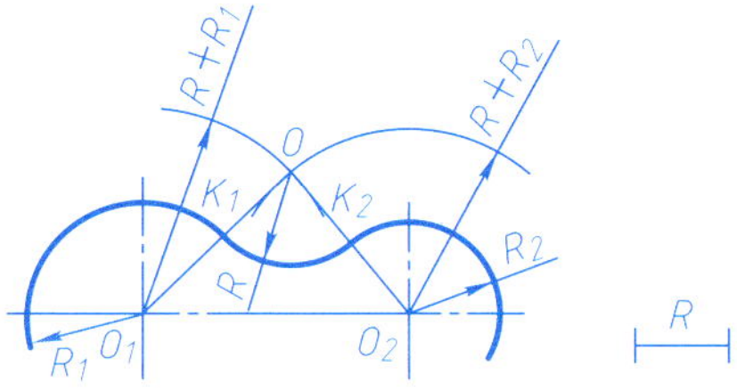

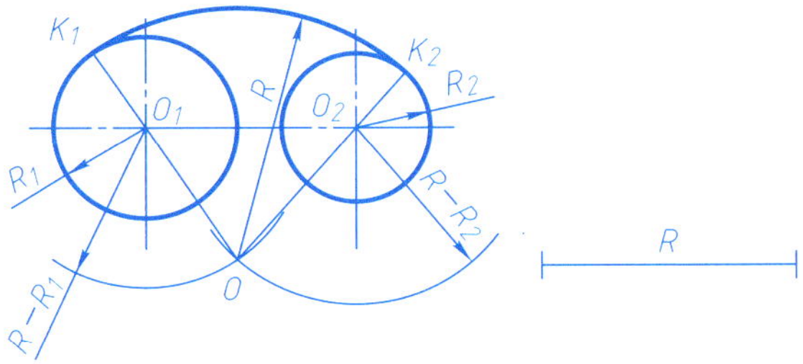

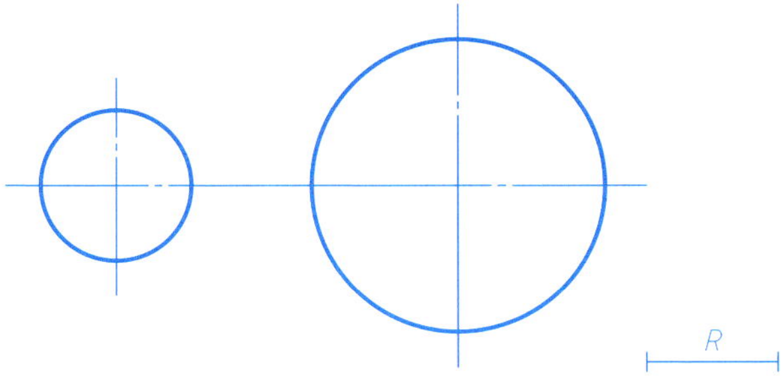

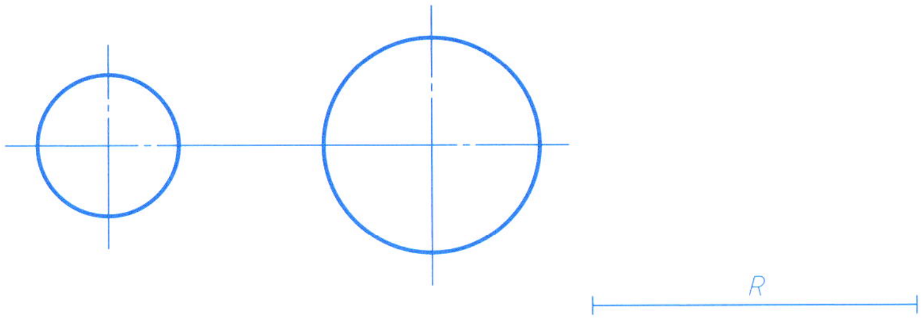

姓名　　　　班级　　　　学号

1-1-6 线型练习

一、目的、内容与要求

1. 目的、内容：初步掌握国家标准《机械制图》、《技术制图》的有关内容，学会绘图仪器和工具的使用方法。抄画线型，不标注尺寸。

2. 要求：图形正确，布置适当，线型合格，文字工整，尺寸齐全，符合国家标准，连接光滑，图画整洁。

二、图名、图幅与比例

1. 图名：线型练习。

2. 图幅：A4 图纸。

3. 比例：1 ∶ 1。

三、步骤及注意事项

1. 绘图前应对所画图形仔细研究，确定正确的作图步骤，考虑预留标注尺寸的位置。

2. 线型：粗实线宽度为 0.7 mm，虚线和细实线宽度约为粗实线的 1/2，虚线每小段长度约为 3～4 mm，间隙约为 1 mm，点画线每段长度约为 15～20 mm，间隙及作为点的短画线共约为 3 mm。

3. 字体：图中汉字均为长仿宋体，图中尺寸数字为 3.5 号字。

4. 箭头：宽约 0.7 mm，长为宽的 4 倍左右。

5. 加深：完成底稿后，仔细检查，正确无误，方可用铅笔加深。圆规的铅芯应比画线的铅笔软一号。

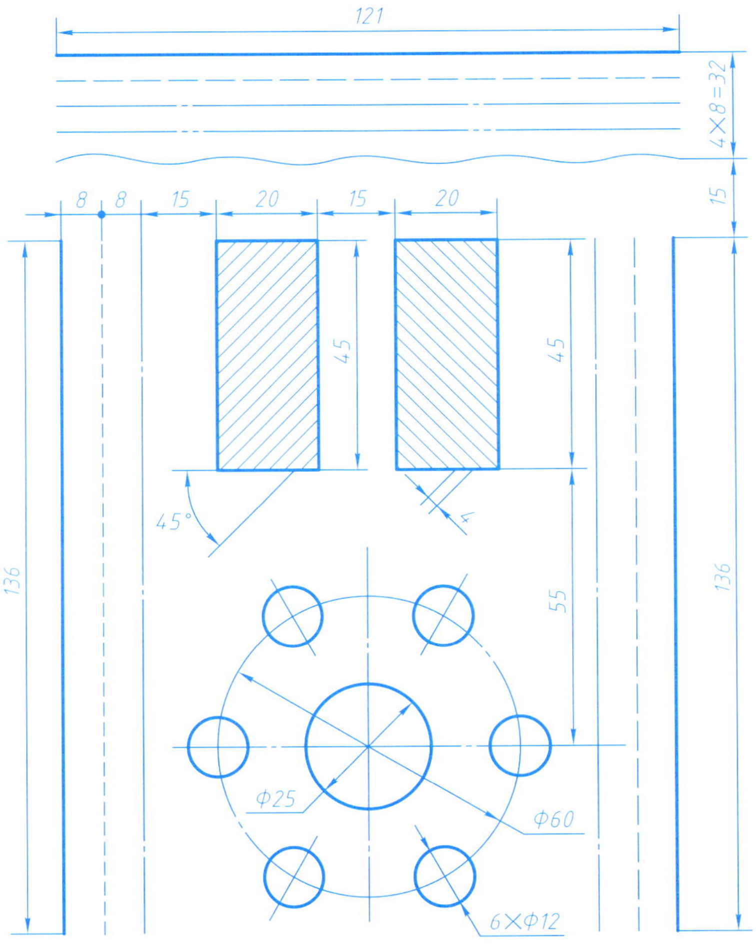

姓名　　　　班级　　　　学号

1-1-7　平面图绘制练习（用 A4 图纸，1∶1 比例，任意抄画一图，标注尺寸）

1. 挂轮架。

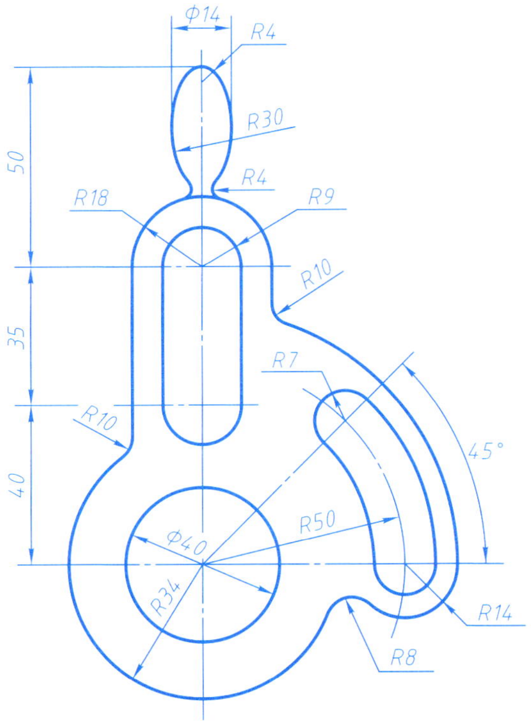

2. 吊钩。

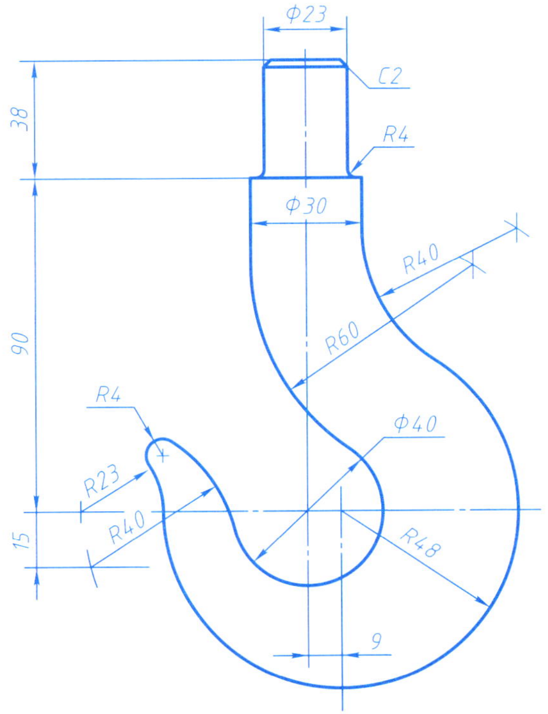

姓名　　　　班级　　　　学号

项目二　减速器输出轴零件图的绘制与识读

1-2-1　三视图练习（选择图）

1. 由立体图找出对应的三视图，并在括号内填写相应的编号。

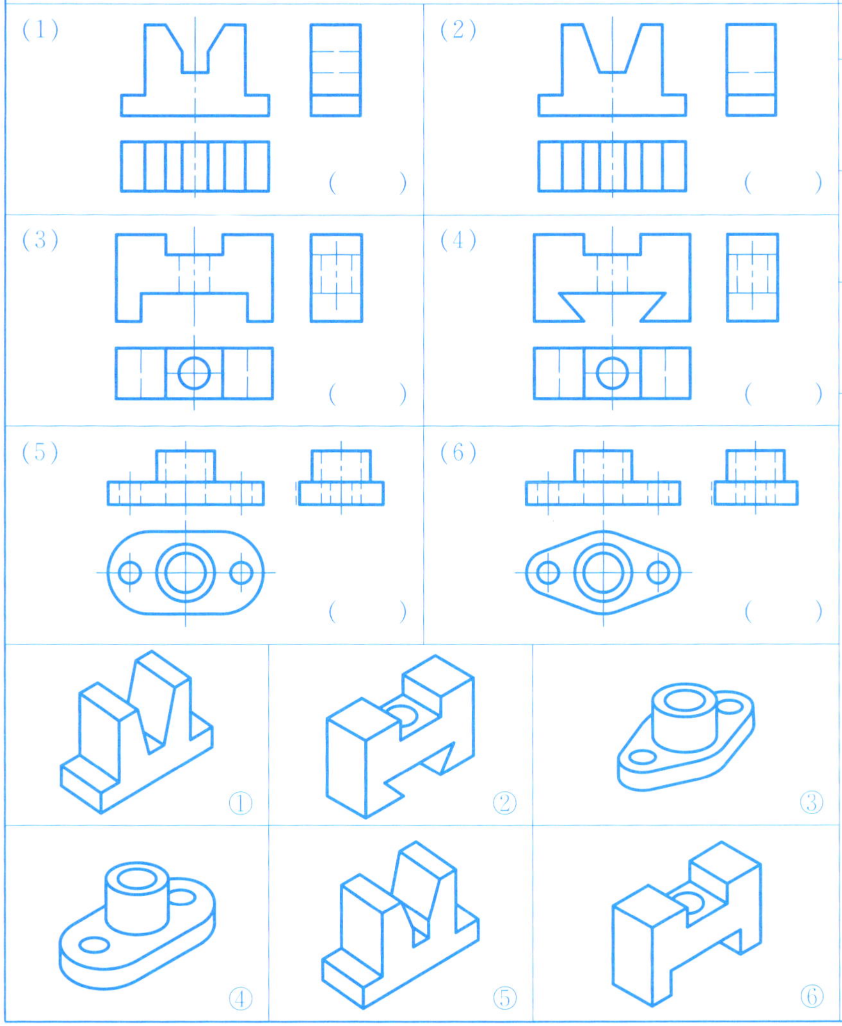

2. 根据箭头所指的主视图方向，将各视图的编号填入表内。

	A	B	C	D	E	F
主视图	1					
俯视图	11					
左视图	8					

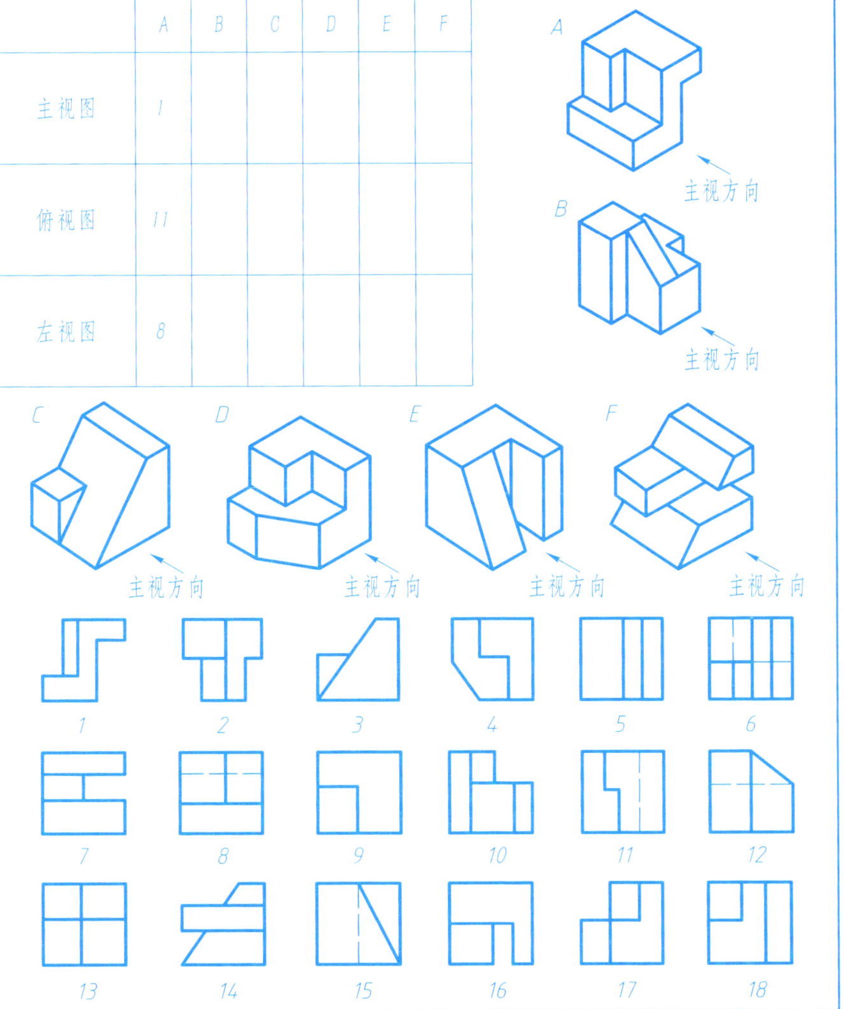

姓名　　　班级　　　学号

1-2-2 三视图练习（补视图）

1.

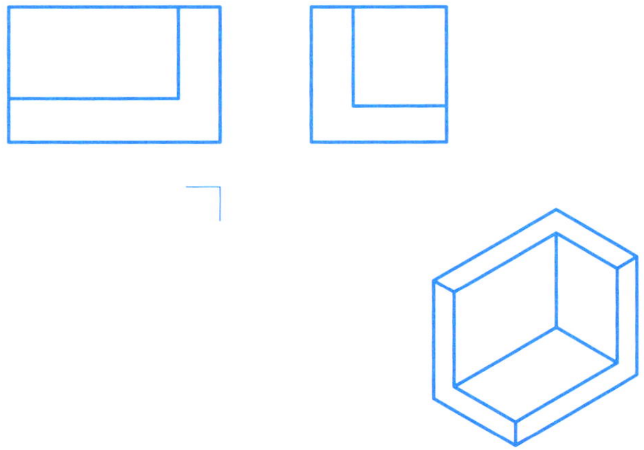

2.

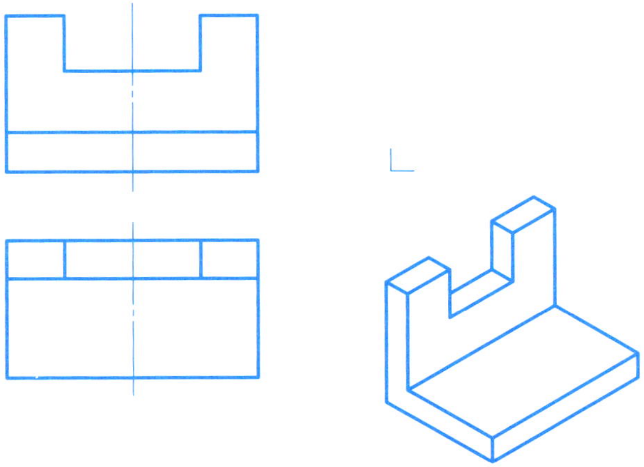

3.

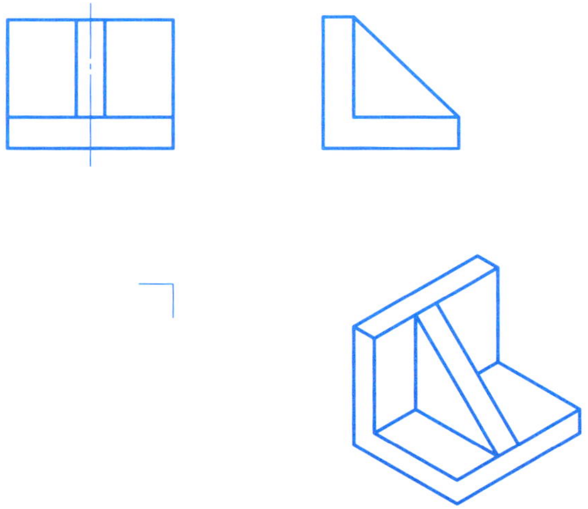

4.

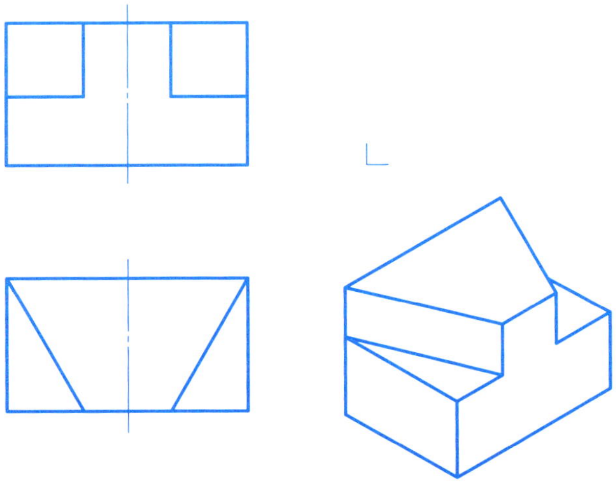

姓名　　　　班级　　　　学号

1-2-3 三视图练习（补所缺图线）

1.

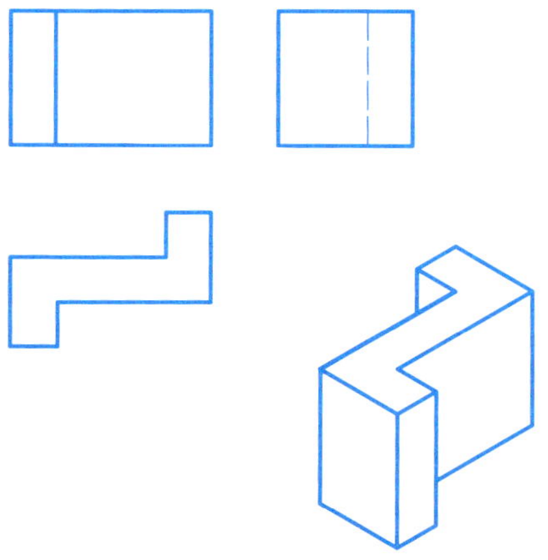

2.

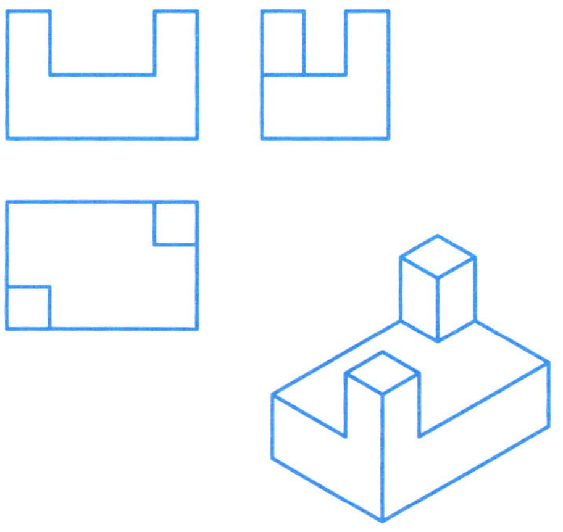

3.

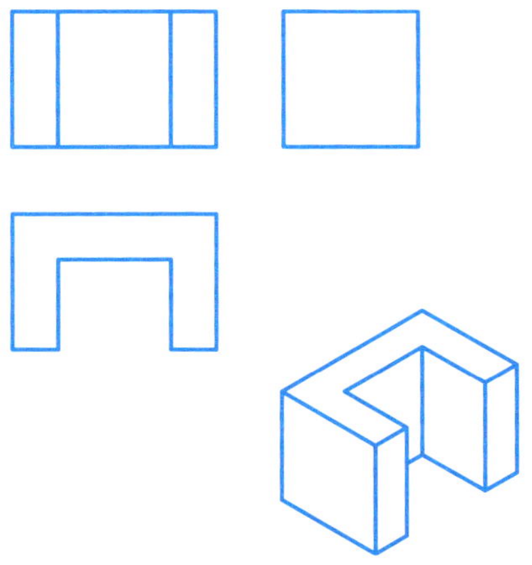

4.

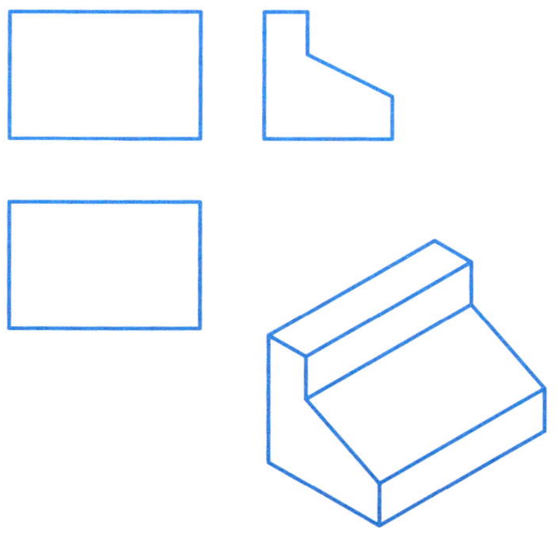

5.

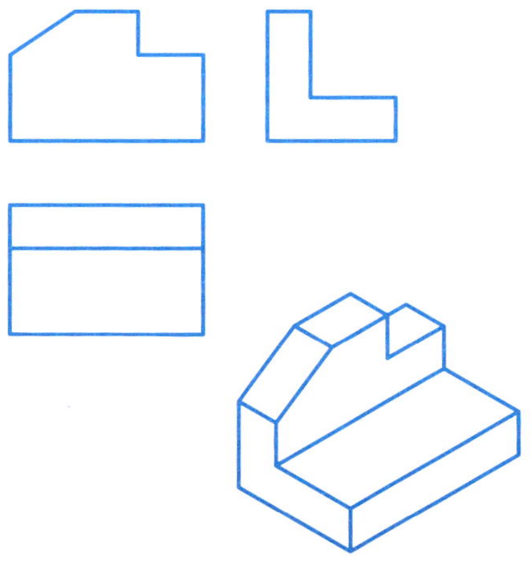

6.

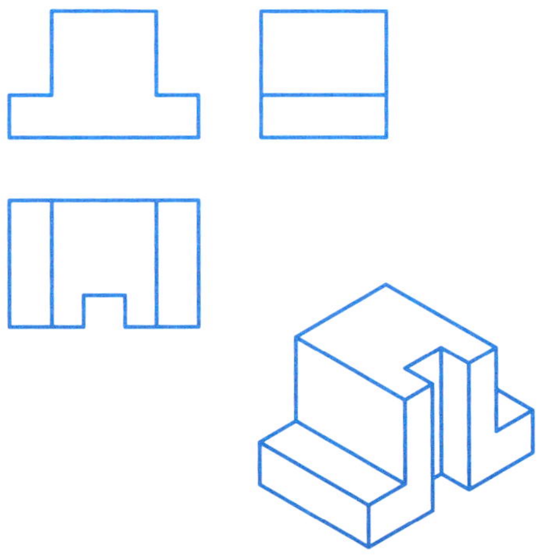

姓名　　　　班级　　　　学号

1-2-4 根据轴测图徒手绘制三视图练习

1.

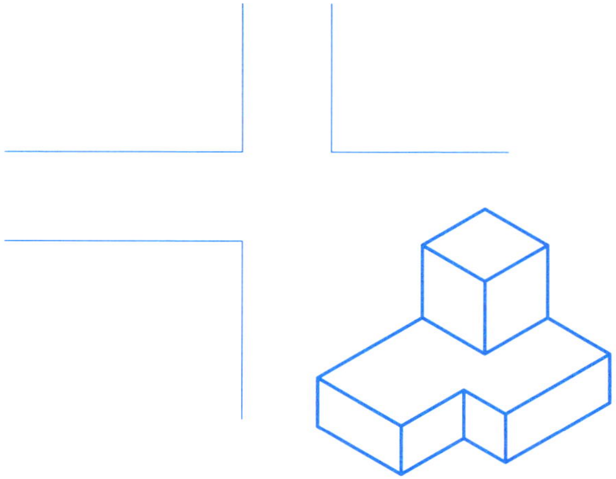

2.

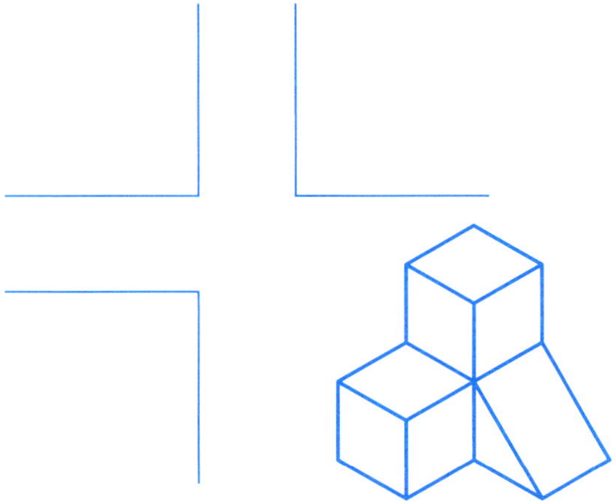

3.

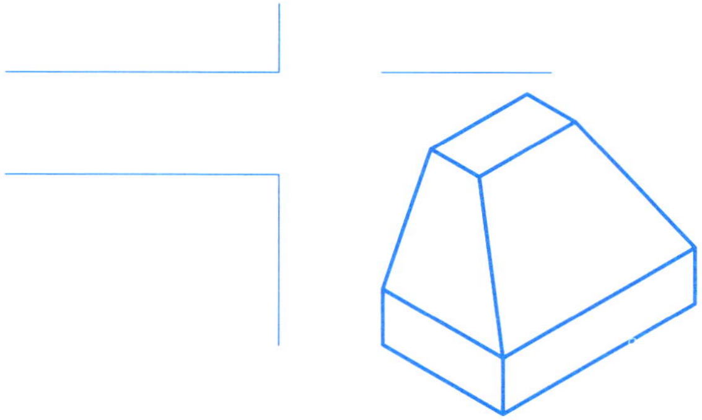

4.

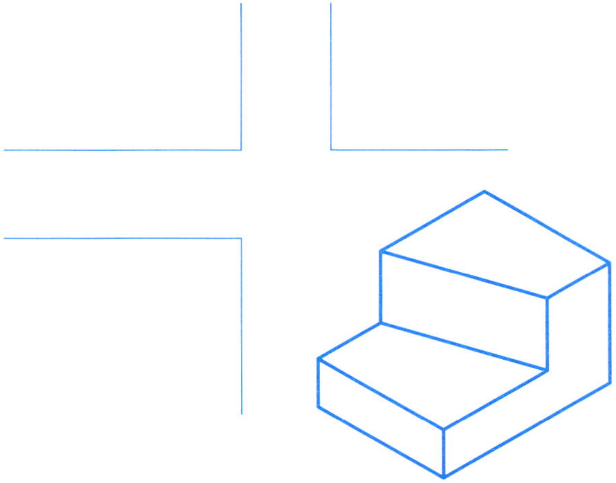

姓名　　班级　　学号

1-2-5　回转体三视图绘制练习

1. 已知圆锥的底圆直径为32,高为45,轴线为侧垂线,且顶左底右,画出其三视图。

2. 已知四分之一圆球的侧面投影,完成其正面及水平面投影。

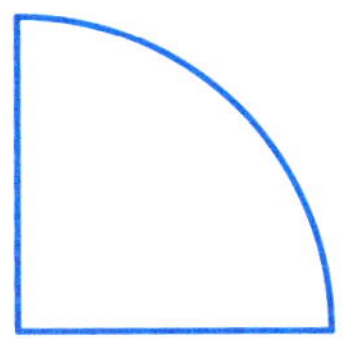

姓名　　　　班级　　　　学号

项目三　阶梯轴零件图的绘制与识读

1-3-1　完成立体切割后的三视图(一)

1.

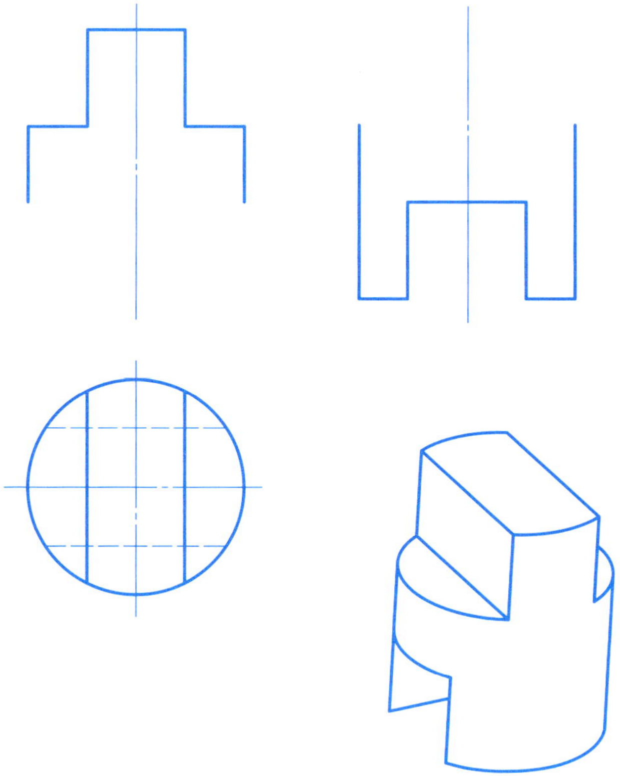

2.

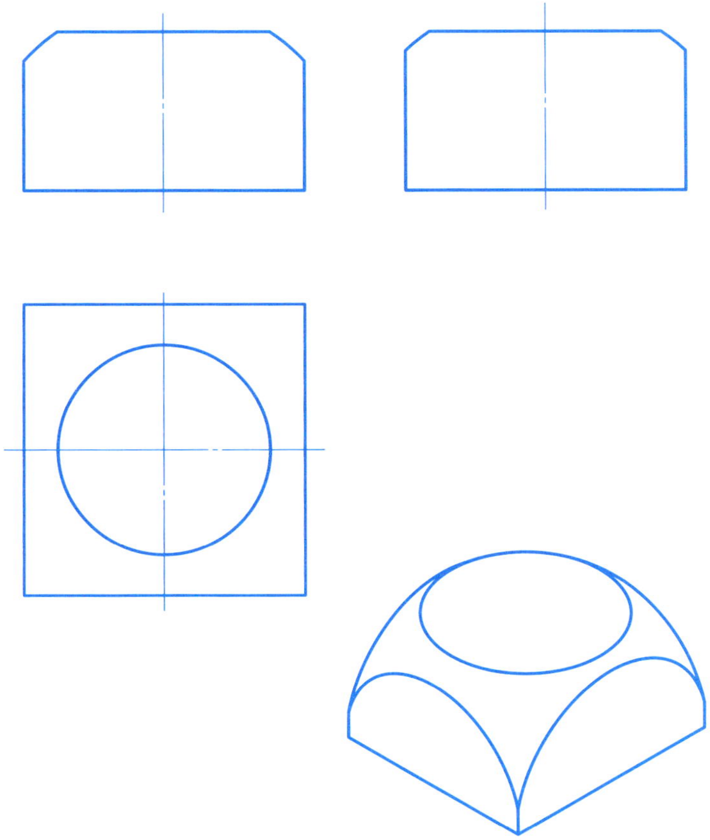

姓名　　　　班级　　　　学号

1-3-2　完成立体切割后的三视图(二)

1.

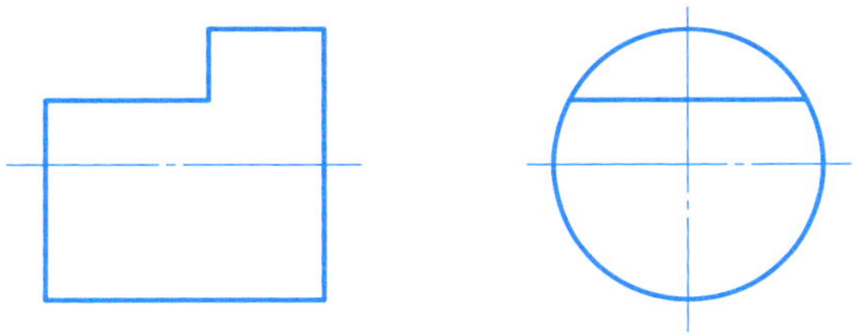

2.

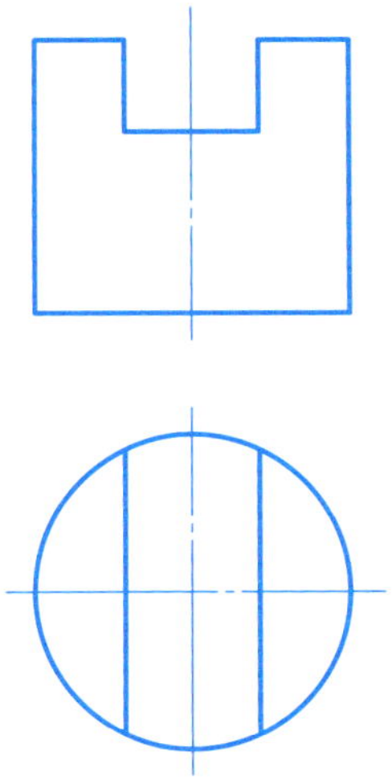

3.

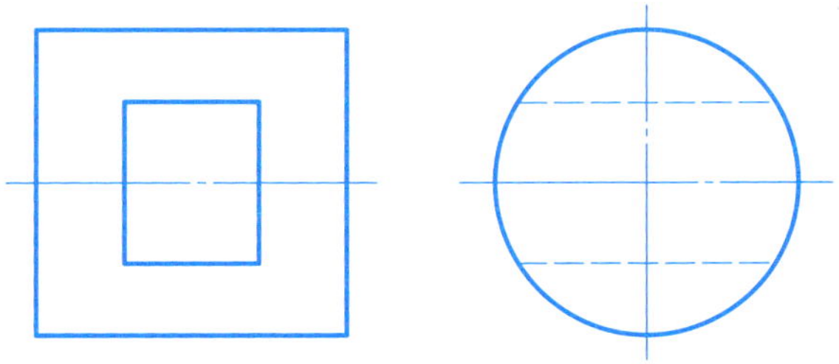

4.

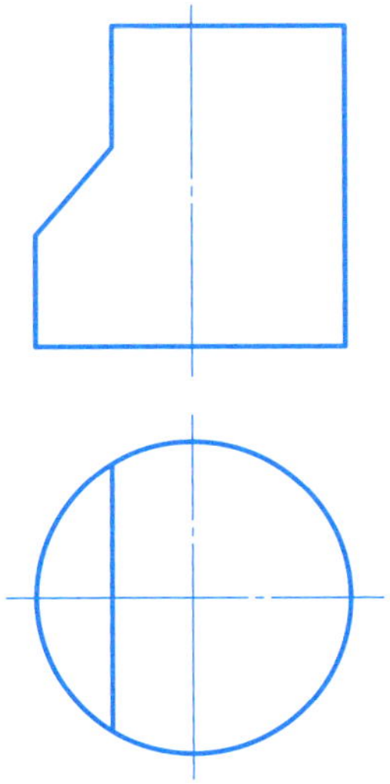

姓名　　　　班级　　　　学号

1-3-3　极限与配合标注练习(一)

根据装配图中的配合代号,注出零件图中配合表面的尺寸偏差值,查表。

(1)

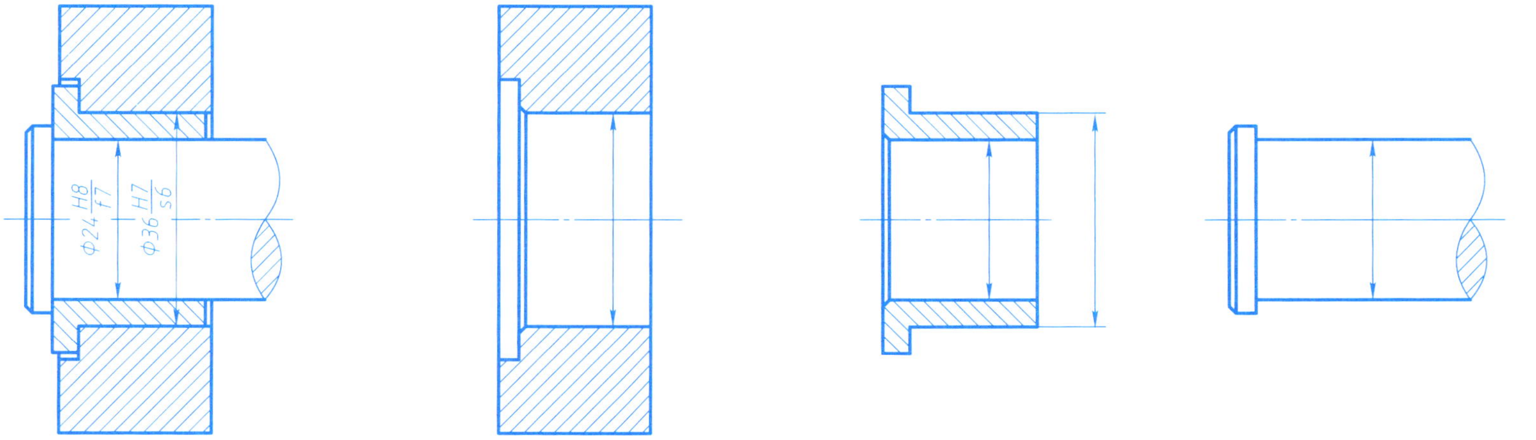

(2)

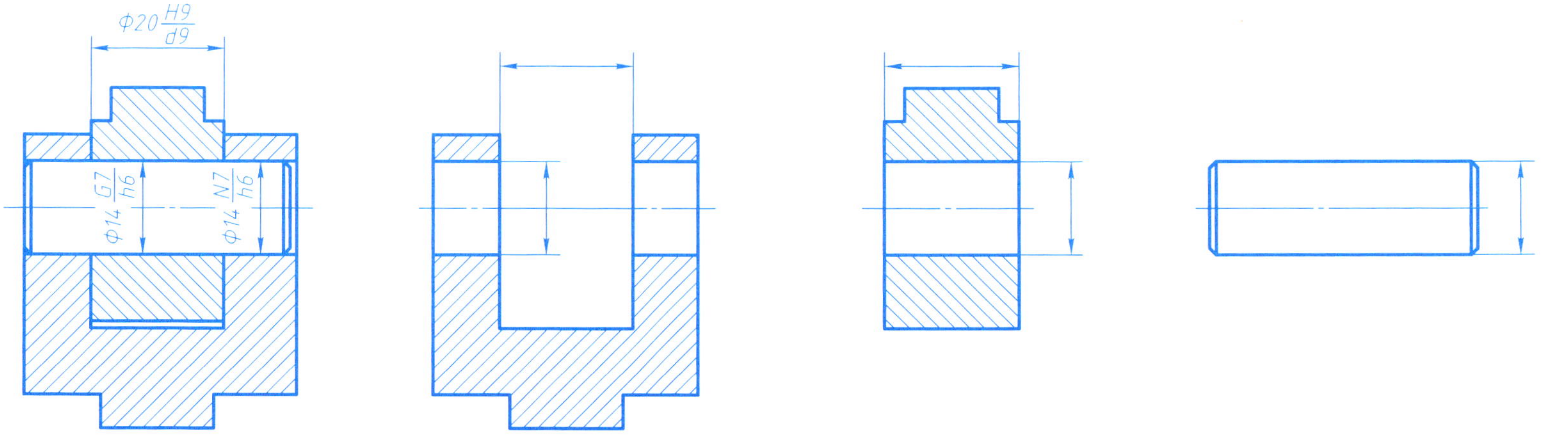

姓名　　　　班级　　　　学号

1-3-4 极限与配合标注练习(二)

1. 根据下列图形,分别标注孔、轴的公称尺寸及查表注写上、下极限偏差,并填空。

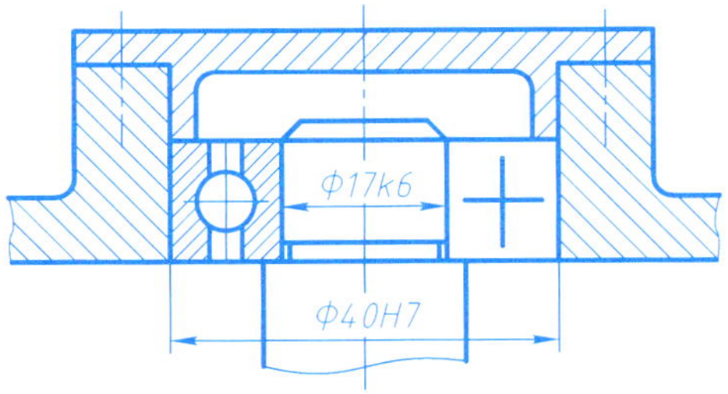

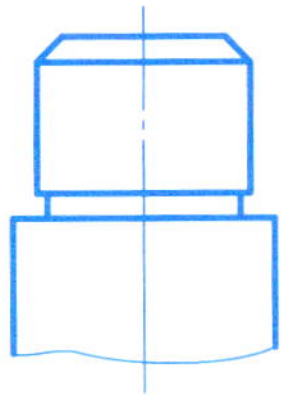

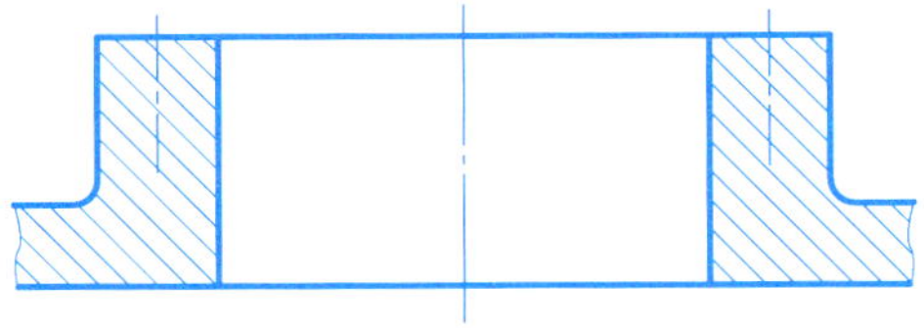

(1) 滚动轴承与零件孔的配合为________制。

(2) 零件孔的基本偏差代号为________。

(3) 滚动轴承与轴的配合为________制。

(4) 轴的基本偏差代号为________。

2. 将 $\phi30H7(^{+0.021}_{0})$、$\phi30f7(^{-0.020}_{-0.041})$标注在下列相应的零件图上,并填空。

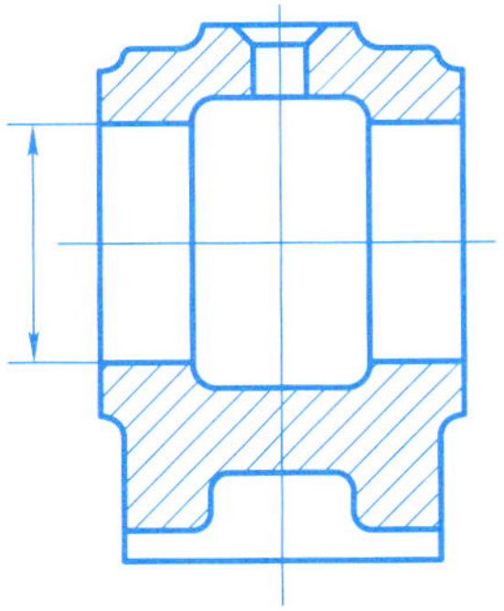

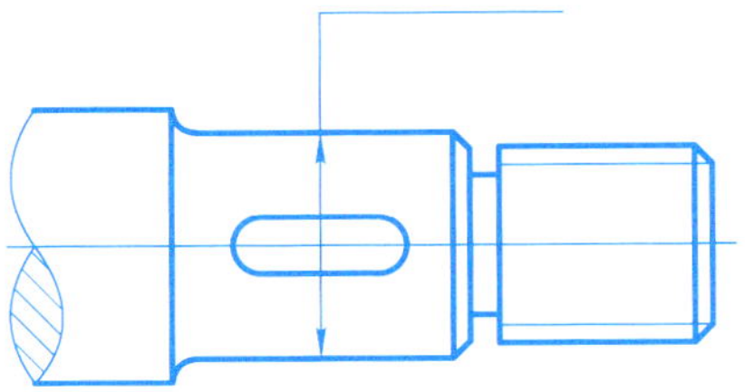

该轴、孔是________制________配合。

3. 根据零件图的标注,在装配图上注出配合代号,并填空。

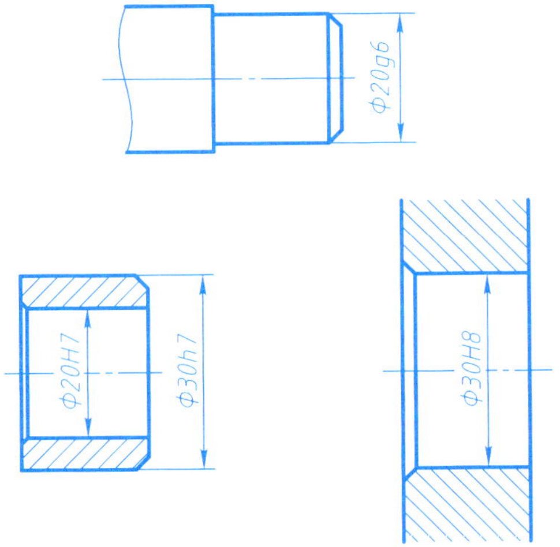

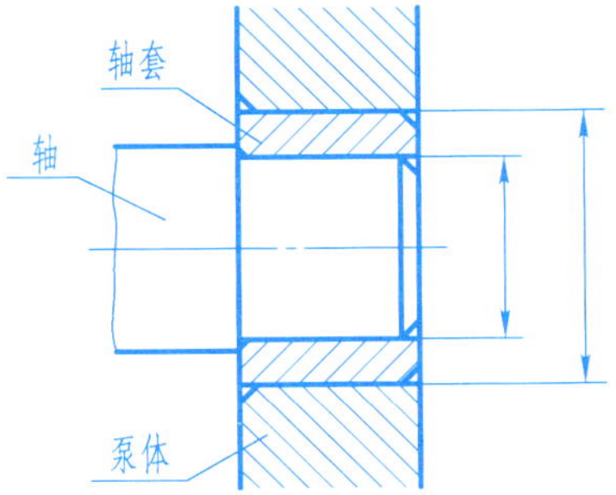

轴与轴套孔是________制________配合。

轴套与泵体孔是________制________配合。

姓名　　　　班级　　　　学号

1-3-5　剖视图画法练习（补全下列剖视图中所缺漏线）

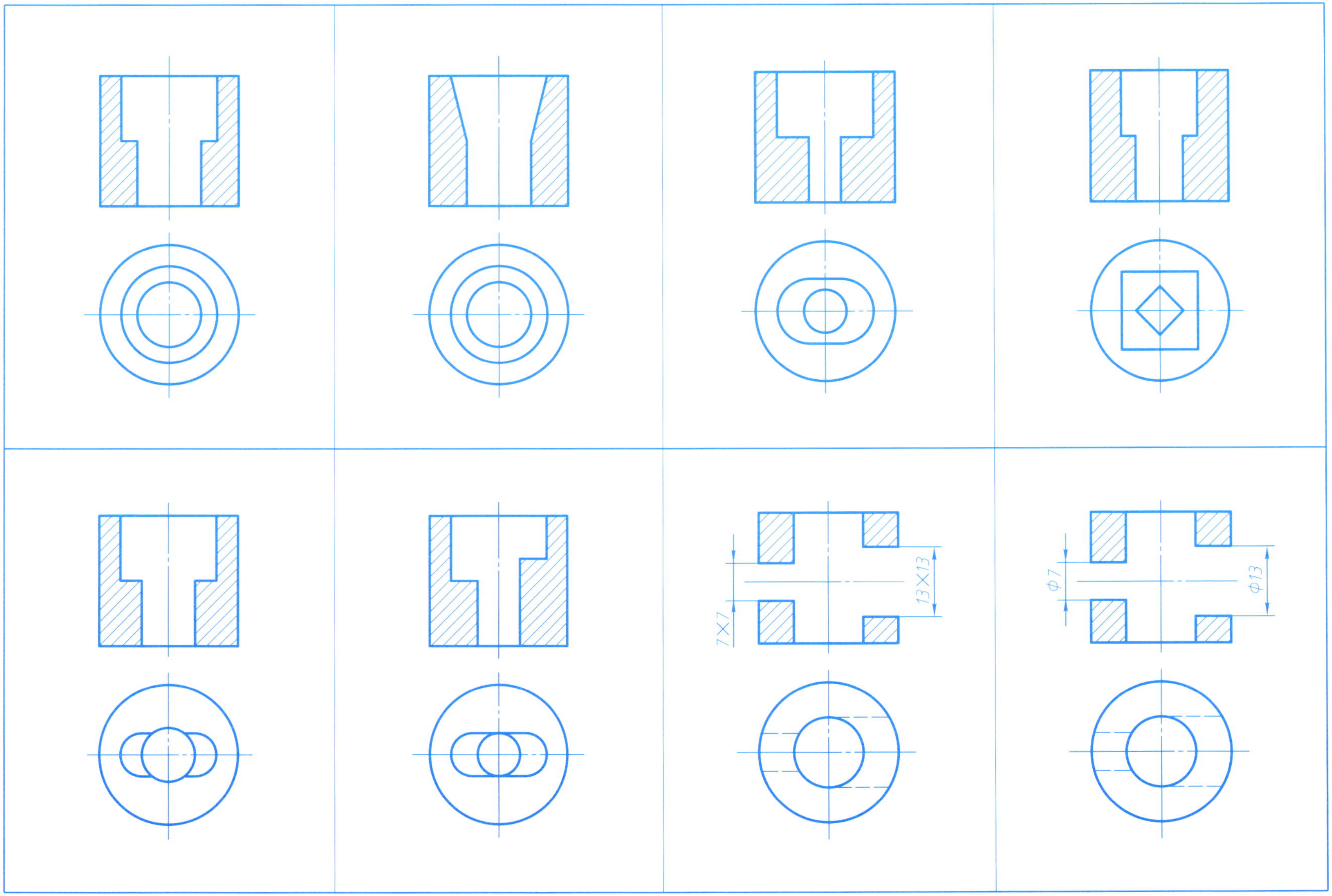

姓名　　　　班级　　　　学号

1-3-6 套筒零件图的识读

回答以下的问题(零件图见下页):

(1) 轴向主要尺寸基准是________,径向主要尺寸基准是________。

(2) 图中标有①的部位,所指两条虚线间的距离为________。

(3) 图中标有②所指的直径为________。

(4) 图中标有③所指的线框,其定形尺寸为________,定位尺寸为________。

(5) 靠右端的 $2\times\phi9$ 孔的定位尺寸是________。

(6) 左端面的表面粗糙度是________,右端面的表面粗糙度是________。

(7) 局部放大图④所指位置表面粗糙度是________。

(8) 图中⑤所指的曲线由________与________相交形成的________。

(9) 外圆面 $\phi132\pm0.2$ 最大可以加工成________,最小可以加工成________,公差为________。

(10) 补画 K 向局部视图。

姓名　　　　班级　　　　学号

1-3-7 套筒零件图的识读(续)

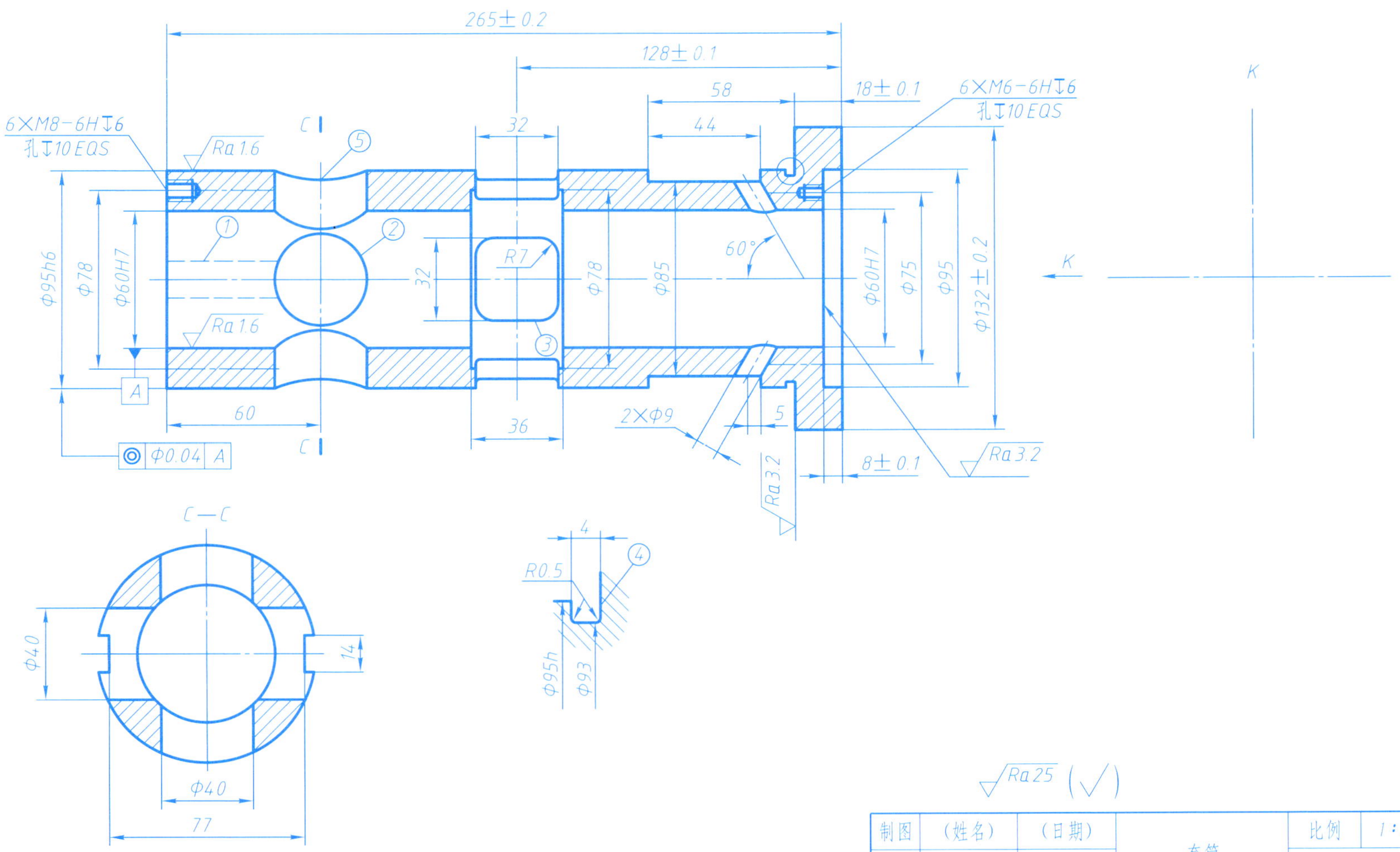

$\sqrt{Ra25}$ ($\sqrt{}$)

制图	(姓名)	(日期)	套筒	比例	1:2
审核				(图号)	
(校名　　学号)			45		

姓名　　　　班级　　　　学号

1-3-8 主轴零件图的识读

回答下列问题(零件图见下页):

(1) 该零件的基本形体是________体,属于________类零件。

(2) 该零件的结构形状共用________个图形表达,其中________视图采用________剖视图,另外还用了________断面图和一个________图。

(3) 轴上的键槽长度是________,宽度为________,深度为________,其定位尺寸为________。

(4) 沉孔的定形尺寸为________,其定位尺寸为________。

(5) 2×1.5 表示______________________。

(6) 零件上 $\phi 40h6$ 这段的长度是________,其表面粗糙度要求为________。

(7) $\phi 40h6(^{\ 0}_{-0.016})$表示其公称尺寸的上极限偏差为________,下极限偏差为________,上极限尺寸为________,下极限尺寸为________,公差为________。

(8) 解释图中几何公差代号 |○|0.007| ,公差项目________,公差数值________,被测要素________。

(9) 按原图比例在图形下方画出 $C—C$ 断面图。

姓名　　　　班级　　　　学号

1-3-9 主轴零件图的识读(续)

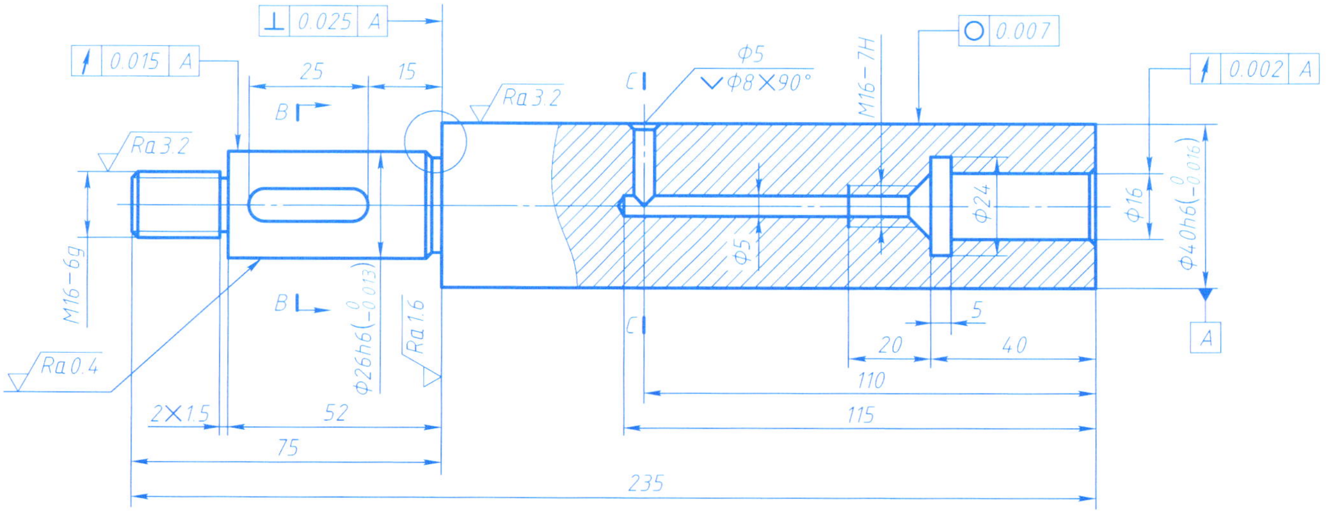

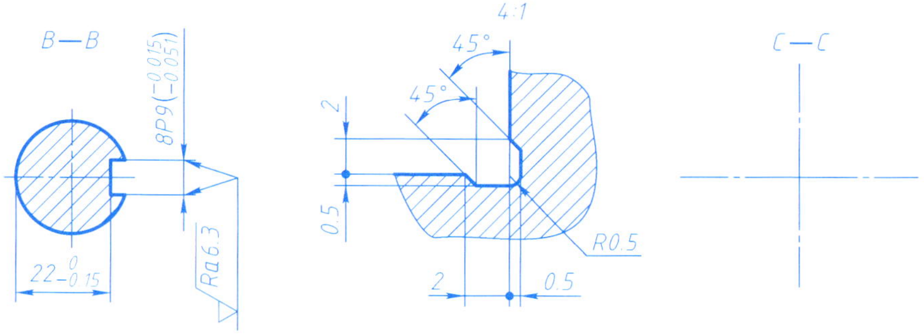

技术要求

1. 热处理：调质224~250HB。
2. 未注倒角C1.5。

Ra6.3 (√)

制图	(姓名)	(日期)	主轴	比例	1:1
审核				(图号)	
(校名 学号)			45		

姓名　　班级　　学号

模块二　盘盖类零件的图样绘制与识读

项目一　减速器透盖零件图的绘制与识读

2-1-1　基本体投影(一)

仔细观察下列平面体的轴测图,在下页完成三视图的绘制。

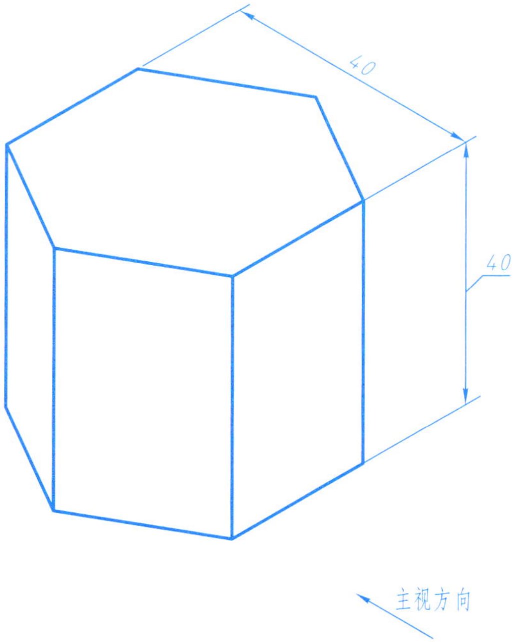

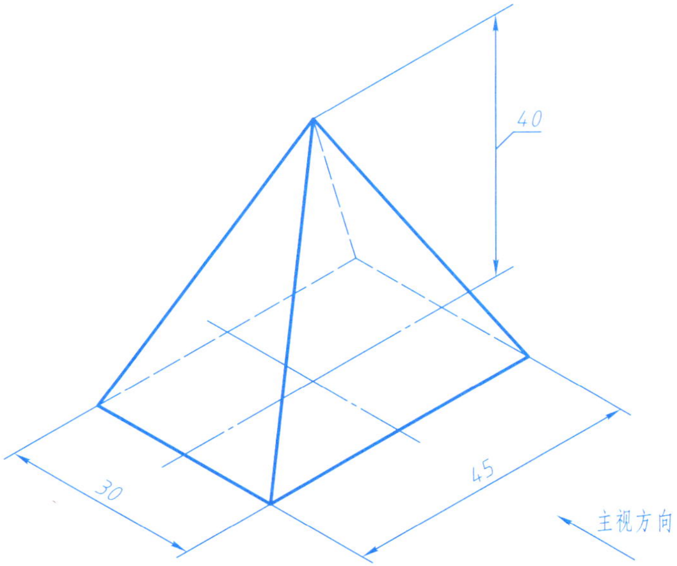

姓名　　　　班级　　　　学号

2-1-2　基本体投影(二)

在下列指定位置分别绘出上页中六棱柱及四棱锥的三视图(仪器作图)。

1.

2.

姓名　　　　班级　　　　学号

2-1-3　平面体截交线画法练习(一)

1. 画出截头四棱锥的左视图,补全俯视图。

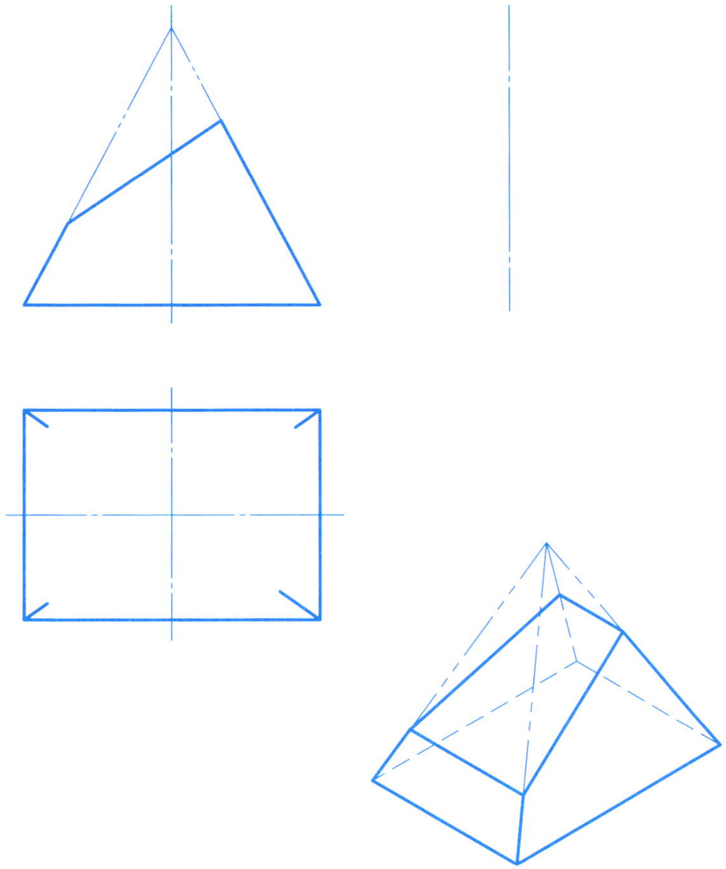

2. 补全截头正三棱锥的主、俯视图。

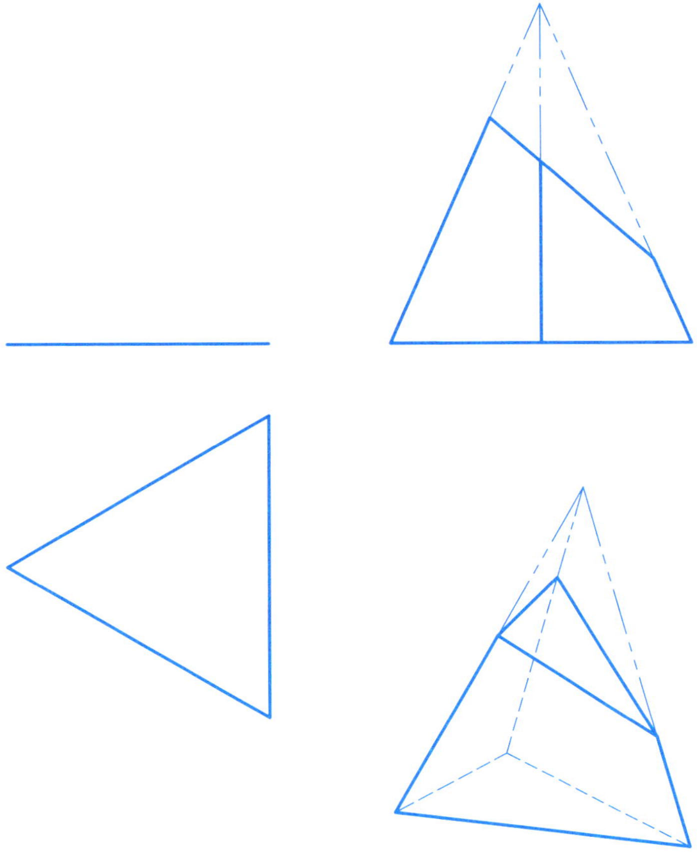

姓名　　　　班级　　　　学号

2-1-4 平面体截交线画法练习(二)

1. 画出穿孔四棱锥的左视图,补全俯视图。

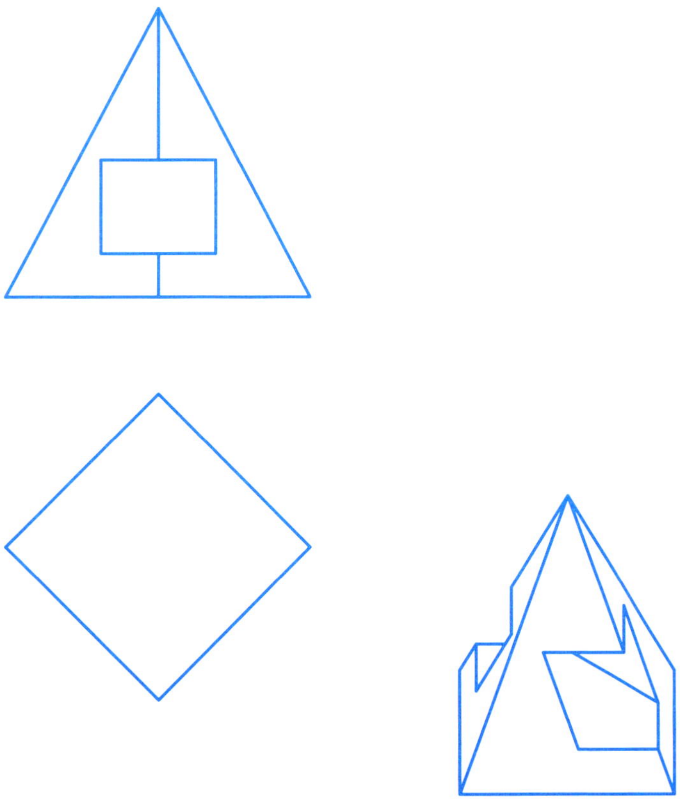

2. 补画左视图。

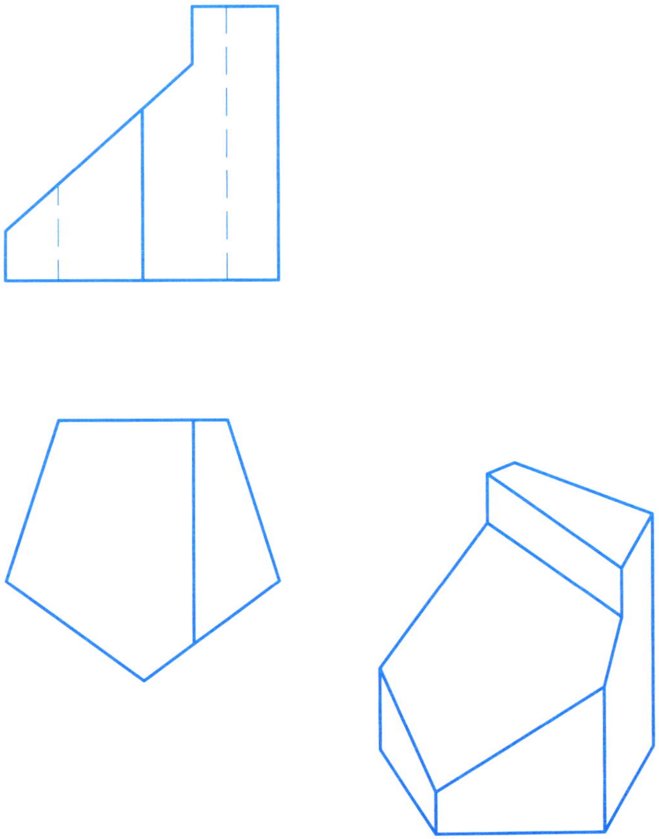

姓名　　　　班级　　　　学号

2-1-5　平面体截交线画法练习(三)

1. 补画左视图及所漏图线。

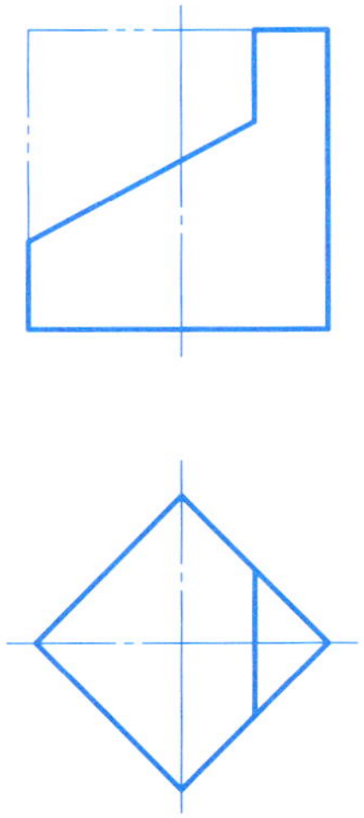

2. 补画左视图及所漏图线。

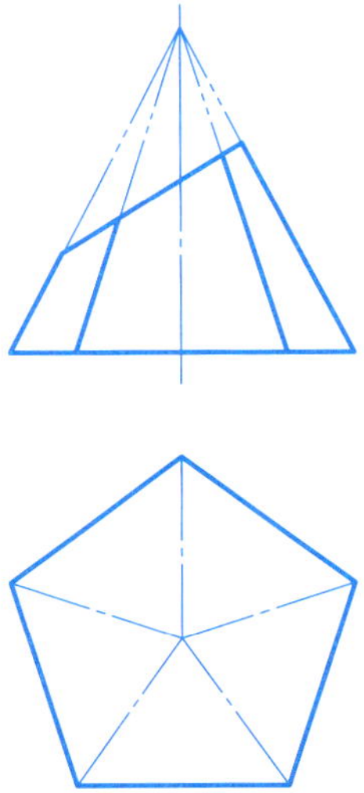

3. 补画所漏图线。

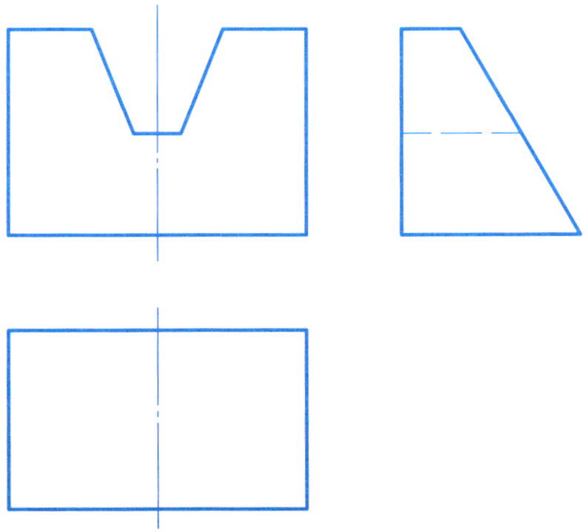

4. 补画所漏图线。

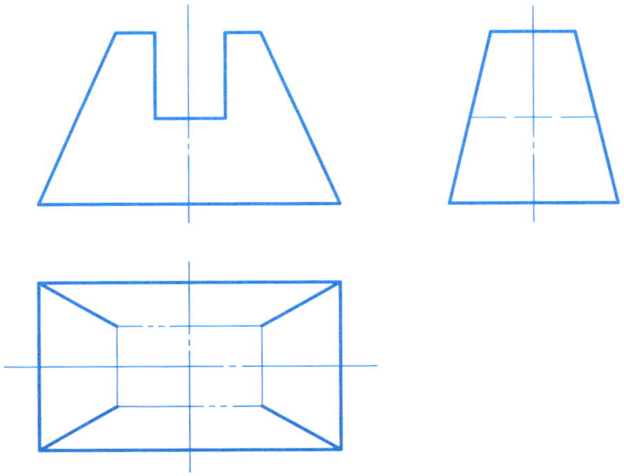

姓名　　　　班级　　　　学号

2-1-6　表面粗糙度的标注练习

1. 分析图上表面粗糙度错误的标注，并在下图正确标注。

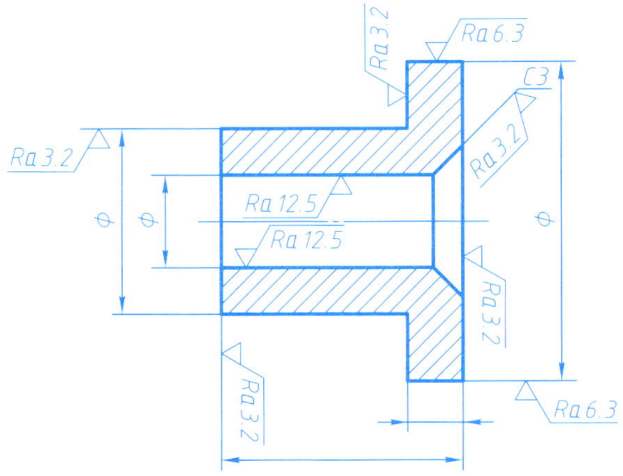

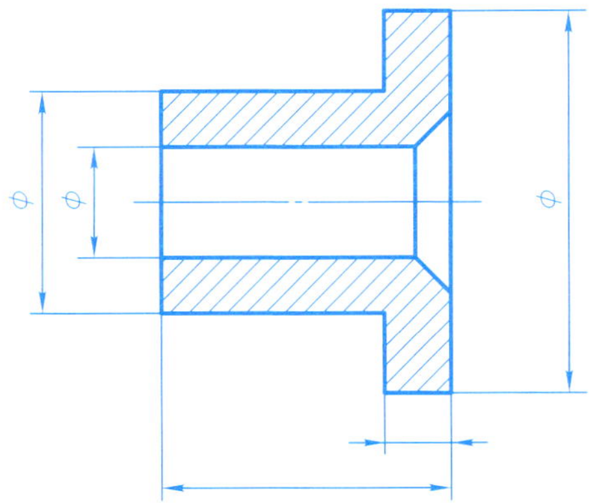

2. 按要求标注零件表面的粗糙度代号。

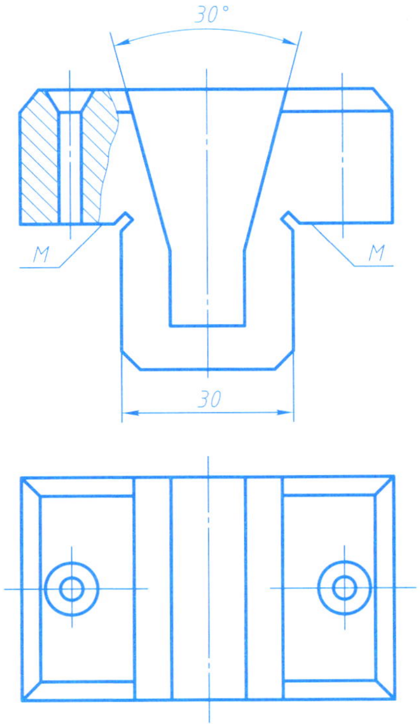

① 倾角成 30°的两斜面，*Ra* 为 6.3。

② 下面长度为 30 的左、右两侧面，*Ra* 为 1.6。

③ 两个 *M* 面 *Ra* 为 3.2。

④ 其余表面 *Ra* 为 25。

上述表面粗糙度要求均为去除材料的工艺方法，单向上限值，默认传输带，*R* 轮廓，评定长度为 5 个取样长度(默认)，按 16%规则评定。

姓名　　　　班级　　　　学号

2-1-7　组合体绘制练习(一)(完成下列所缺视图)

1.

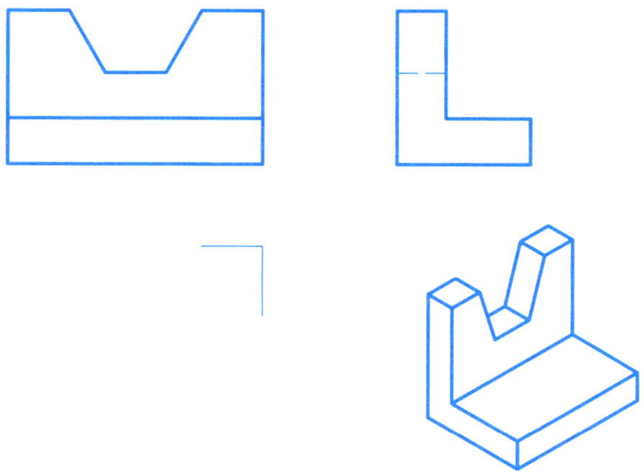

2.

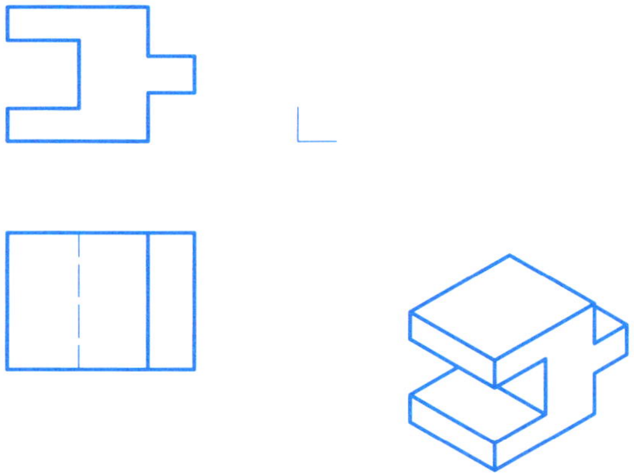

3.

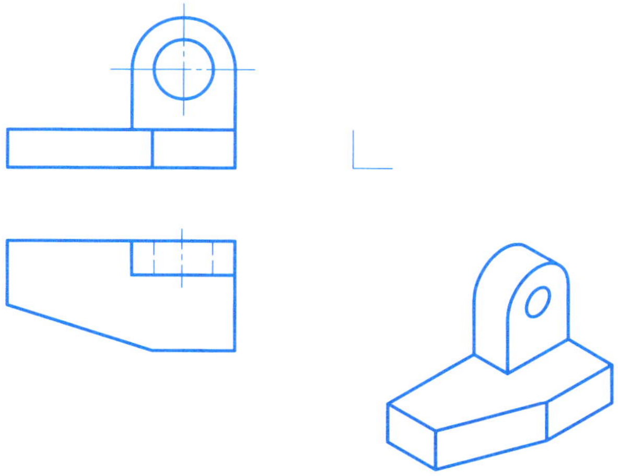

4.

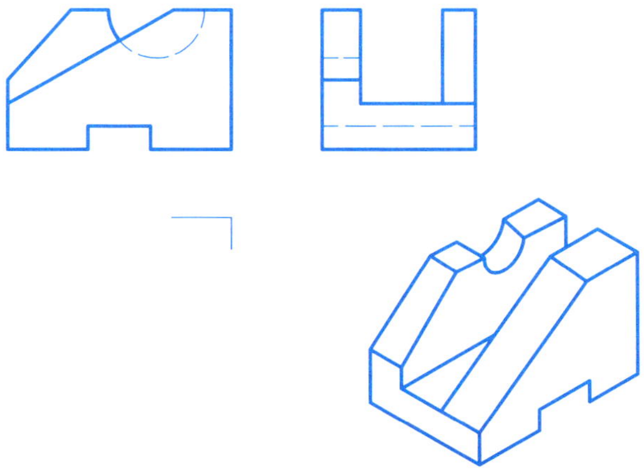

姓名　　　　班级　　　　学号

2-1-8 组合体绘制练习(二)(补画图中所缺的图线)

1.

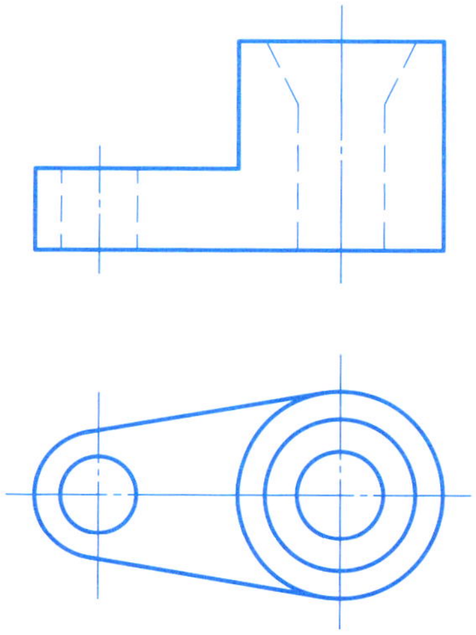

2.

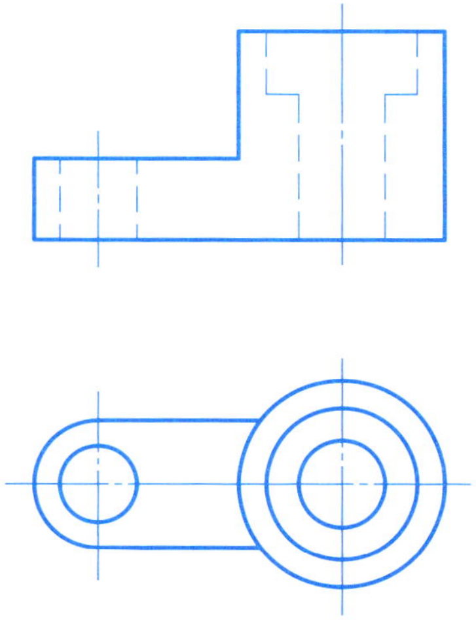

3.

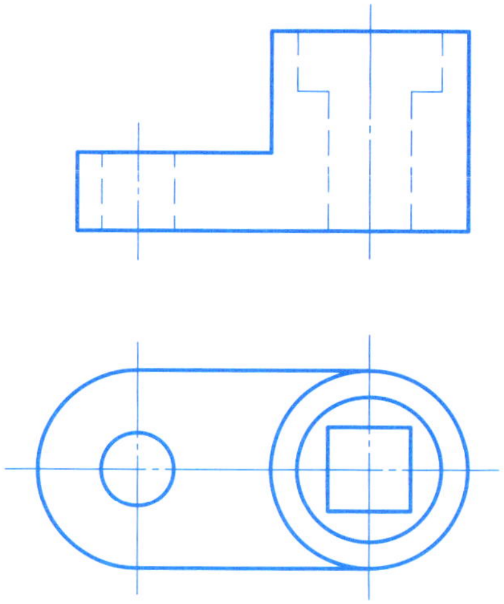

4.

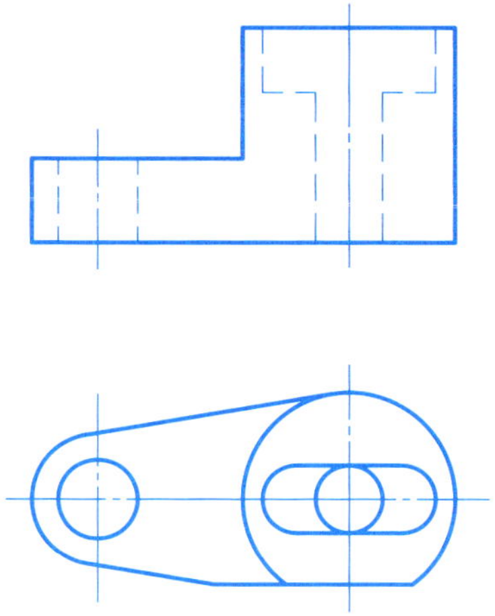

姓名　　　　班级　　　　学号

2-1-9 组合体绘制练习(三)(补画图中所缺的图线)

1.

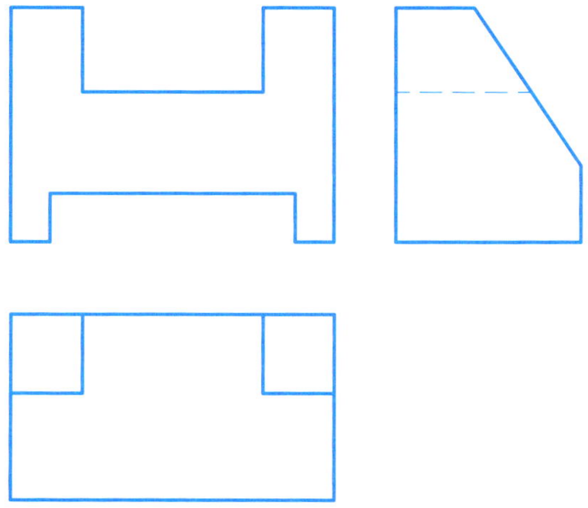

2.

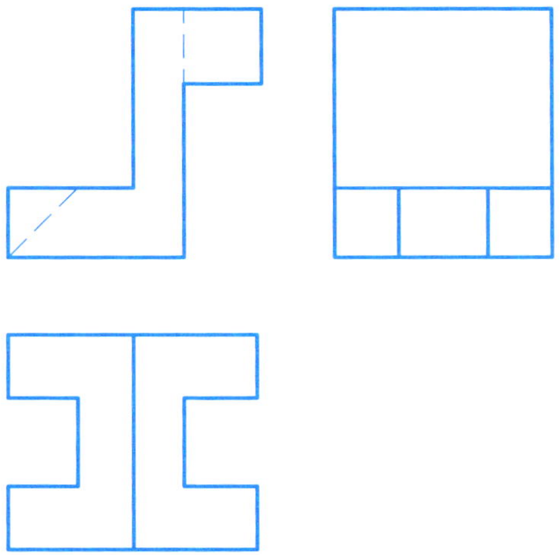

3.

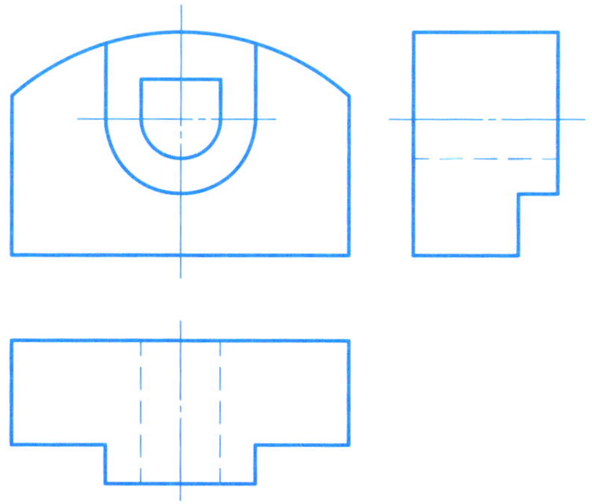

4.

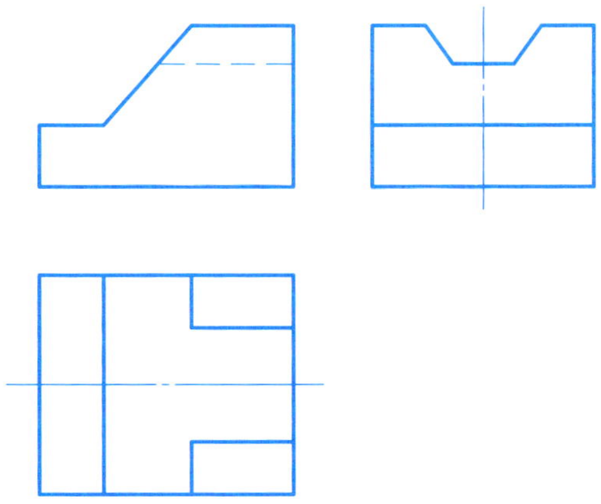

姓名　　班级　　学号

2-1-10　组合体绘制练习(四)(根据轴测图,补全下列图中所漏的图线)

1.

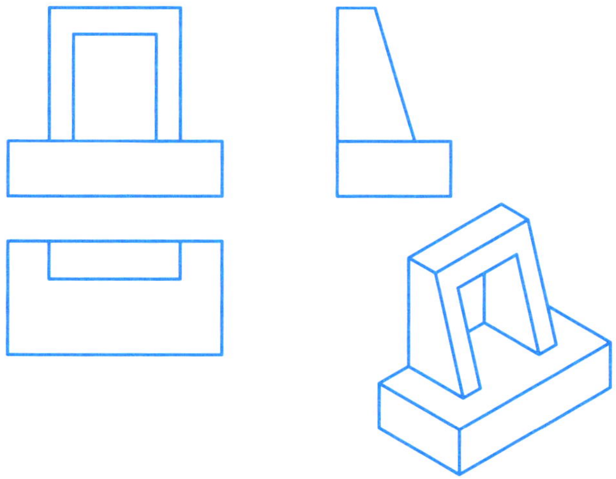

2.

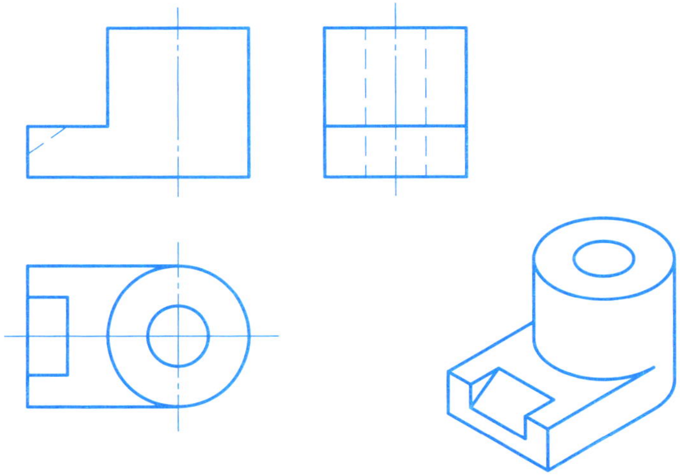

3.

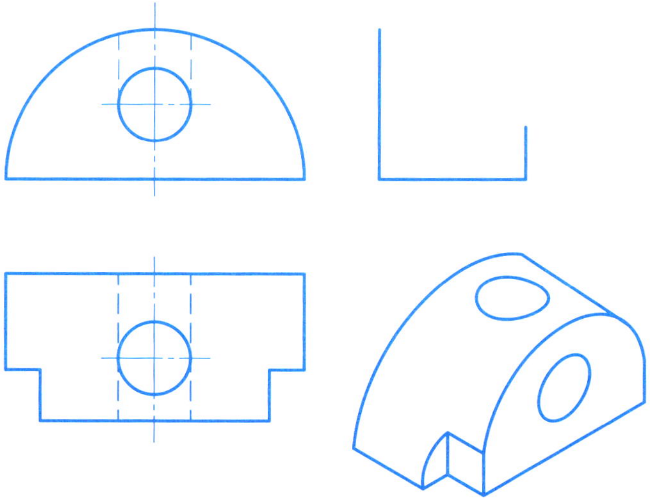

4.

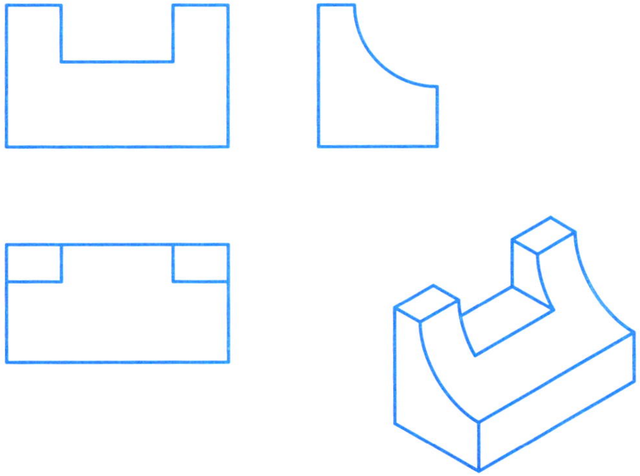

姓名　　　班级　　　学号

2-1-11 组合体绘制练习(五)(补画左视图)

1.

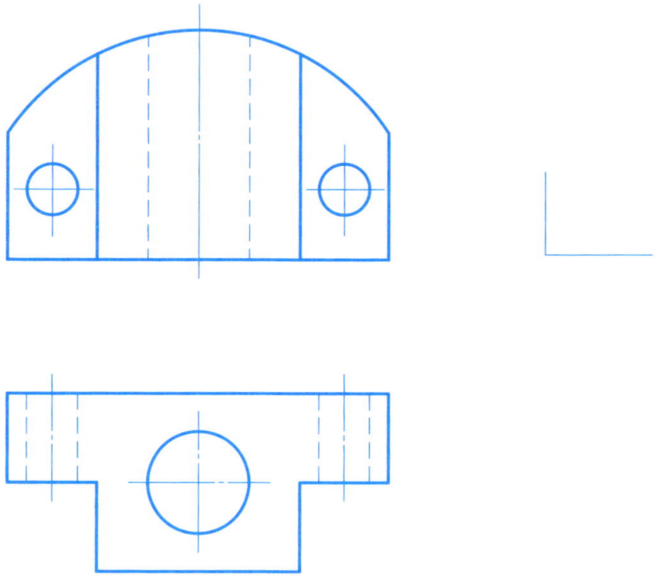

2.

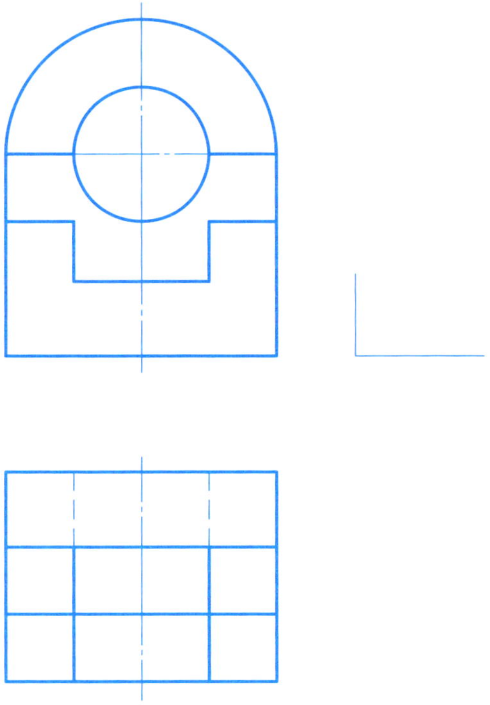

姓名　　　　班级　　　　学号

2-1-12　组合体绘制练习(六)(根据轴测图以 1∶1 比例画三视图,尺寸从图上量取,孔为通孔)

1.

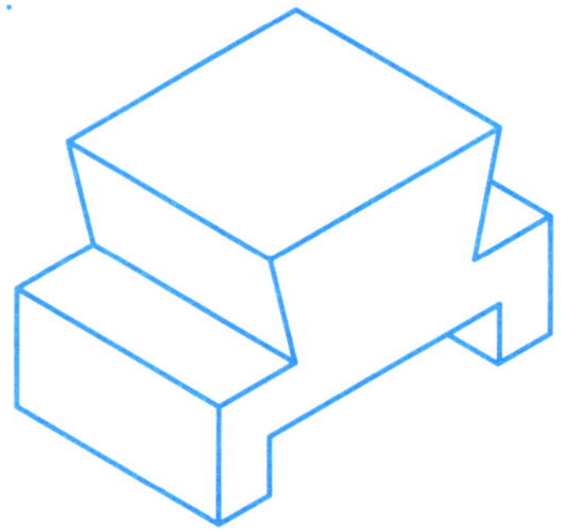

2.

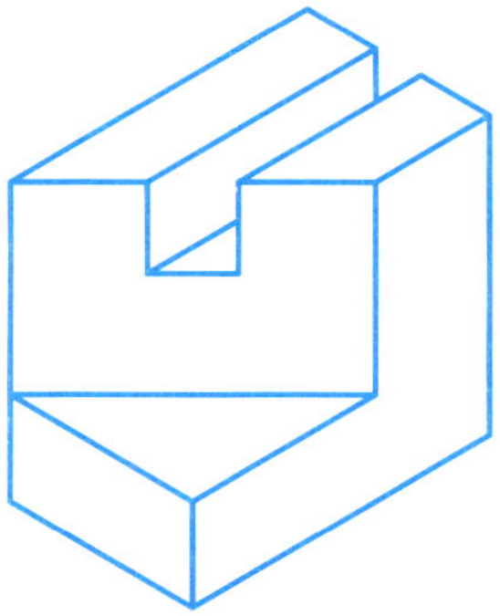

3.

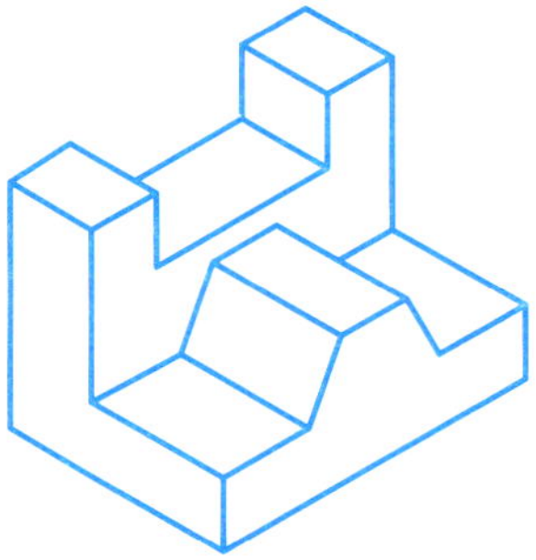

4.

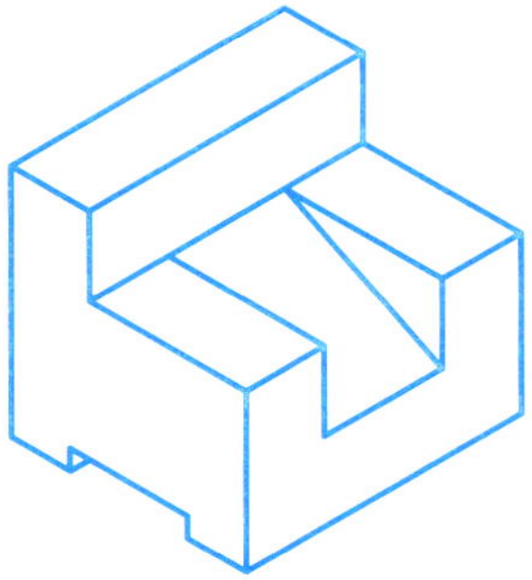

5.

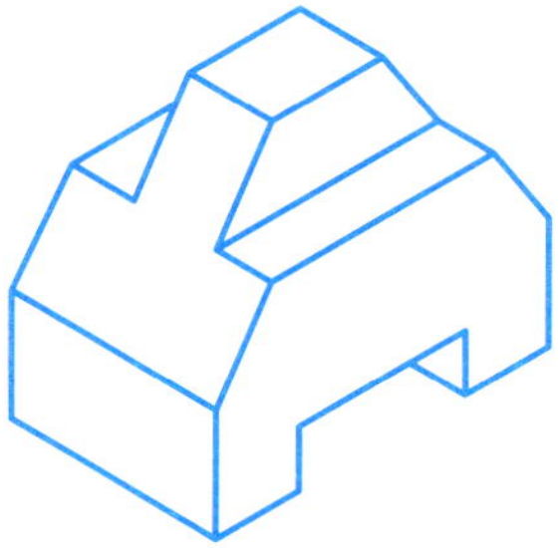

6.

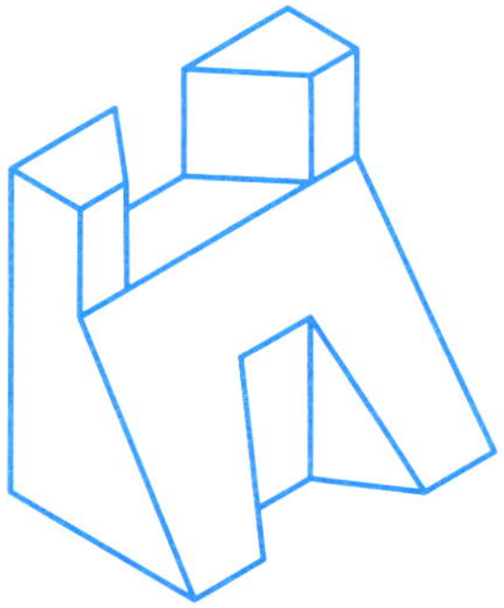

7.

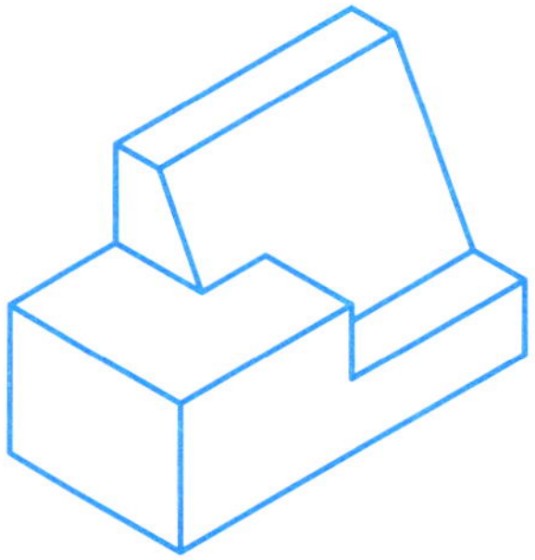

8.

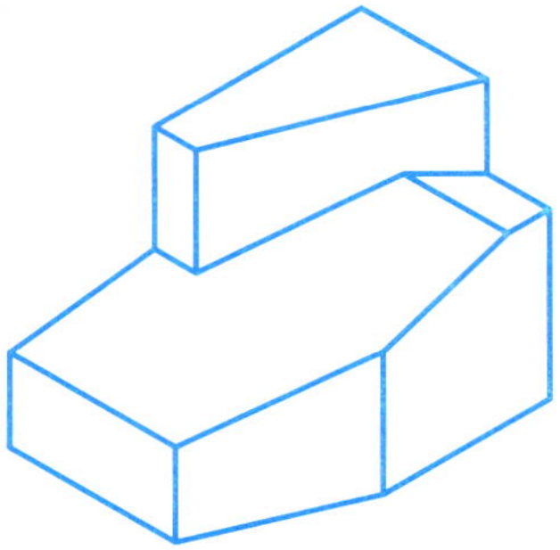

9.

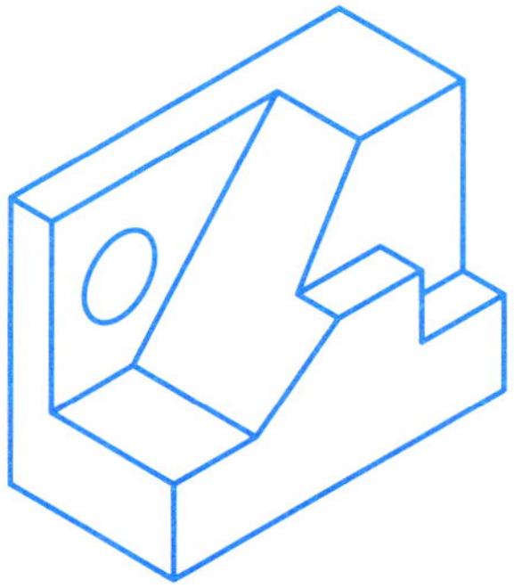

10.

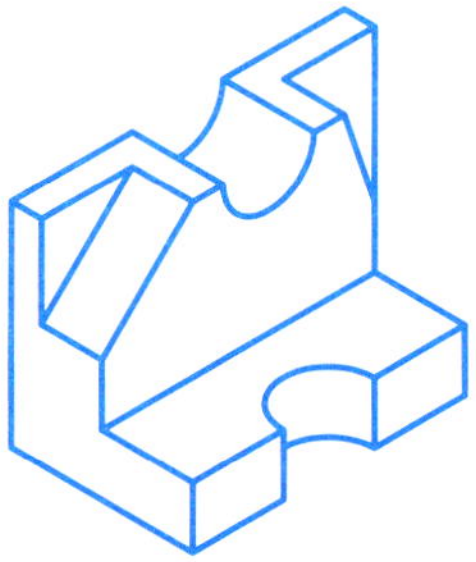

11.

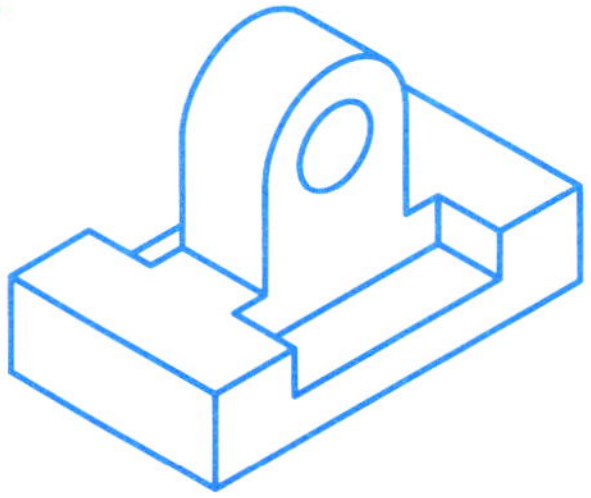

12.

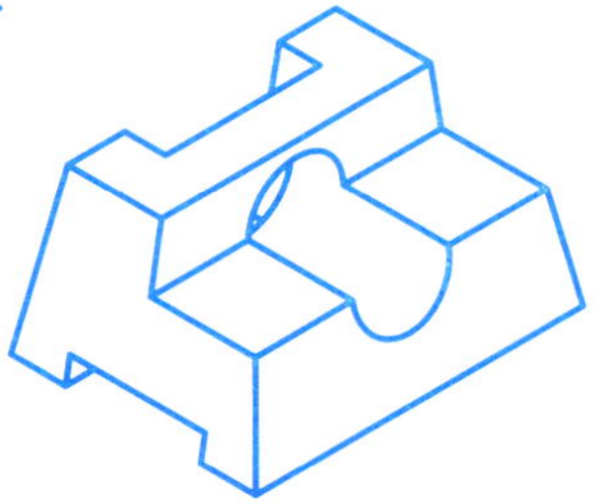

姓名　　　　班级　　　　学号

2-1-13 组合体相贯线画法练习(一)(补画下列所缺视图及图线)

1.

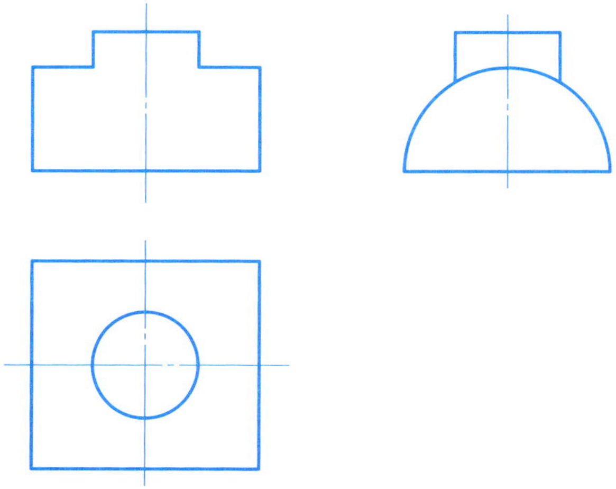

2.

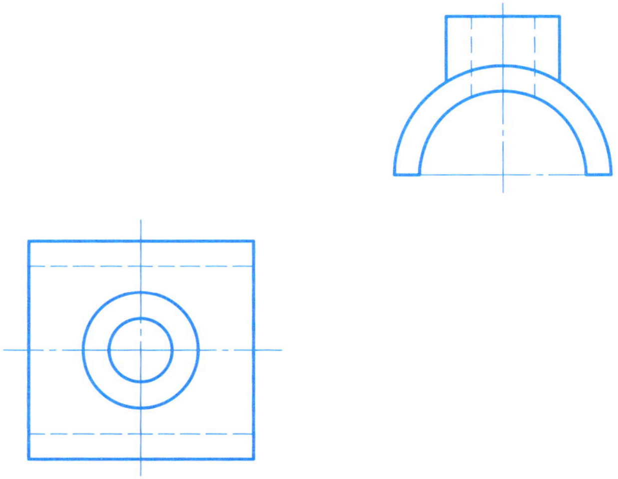

3.

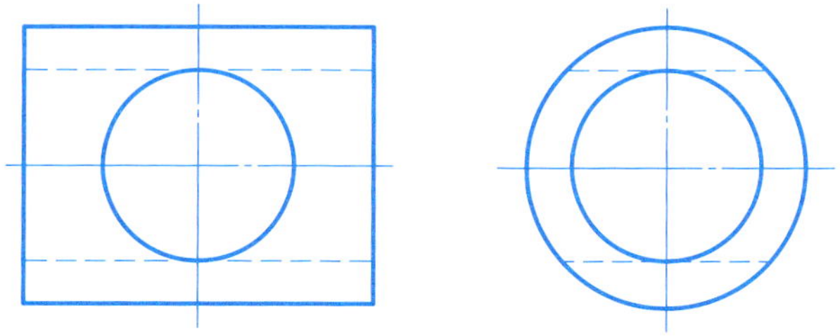

4.

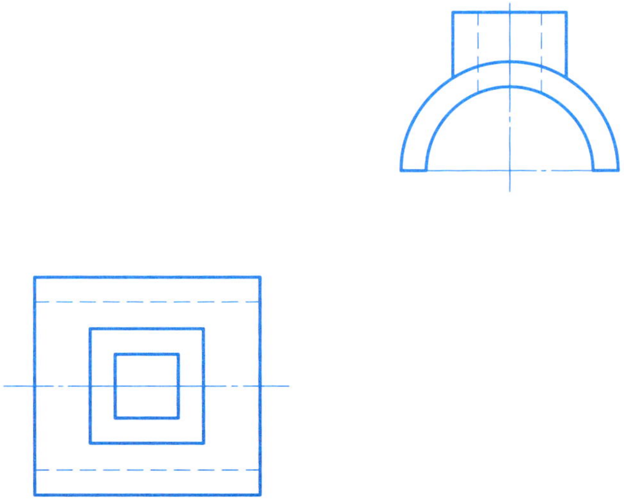

姓名 班级 学号

2-1-14　组合体相贯线画法练习(二)(选择下列图中正确的左视图在括号内画√)

1.

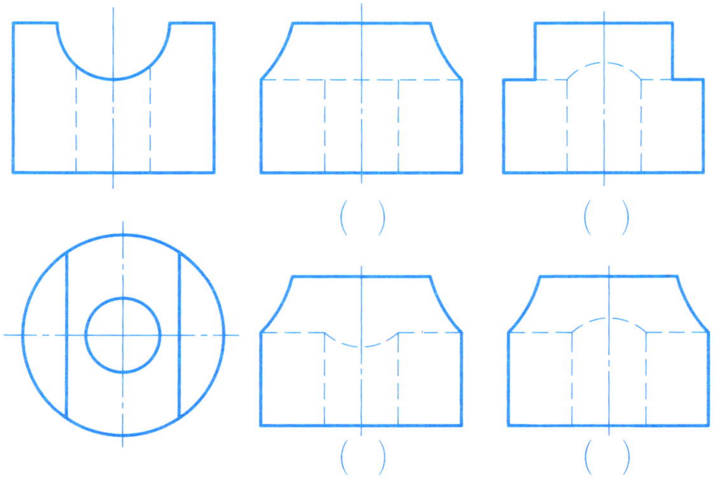

2.

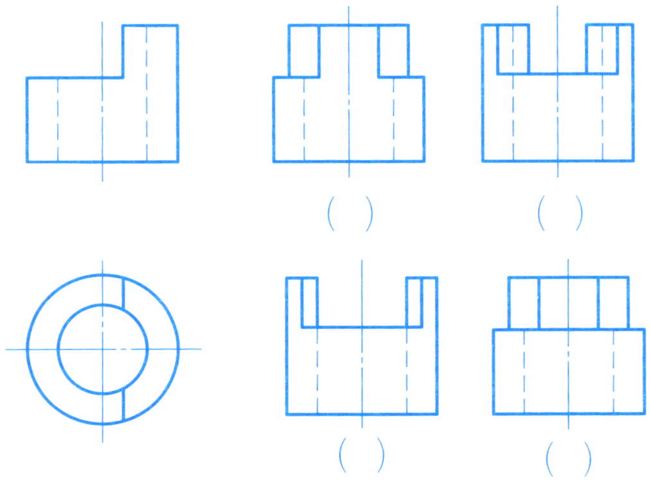

3.

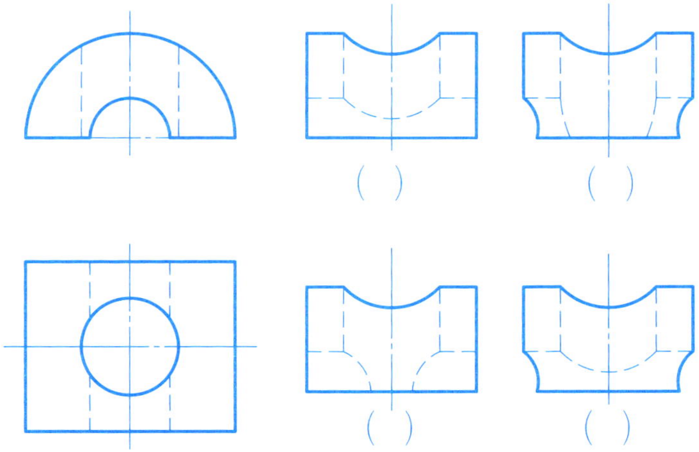

4.

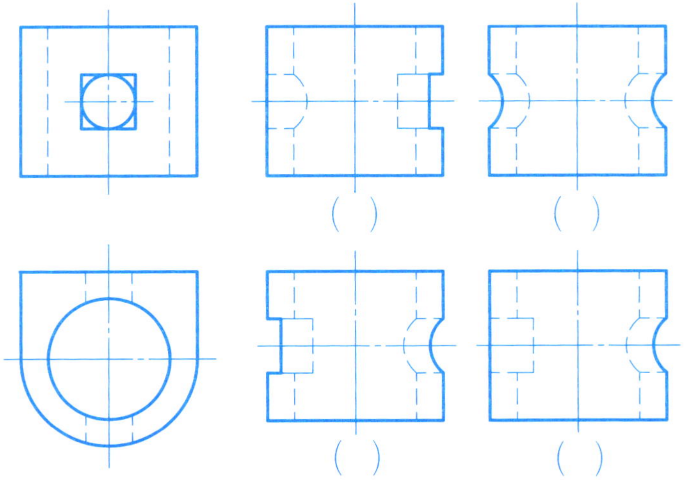

姓名　　　　班级　　　　学号

2-1-15 组合体相贯线画法练习(三)(补全下列视图中所缺图线)

1.

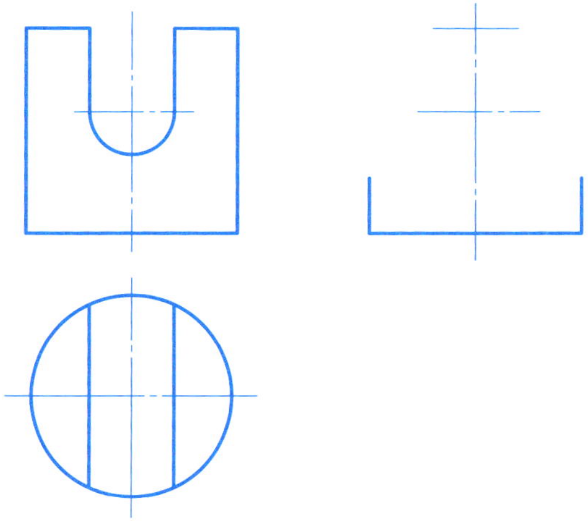

2.

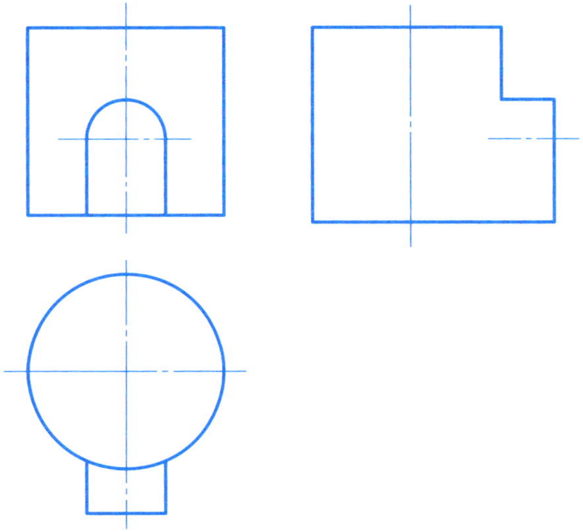

3.

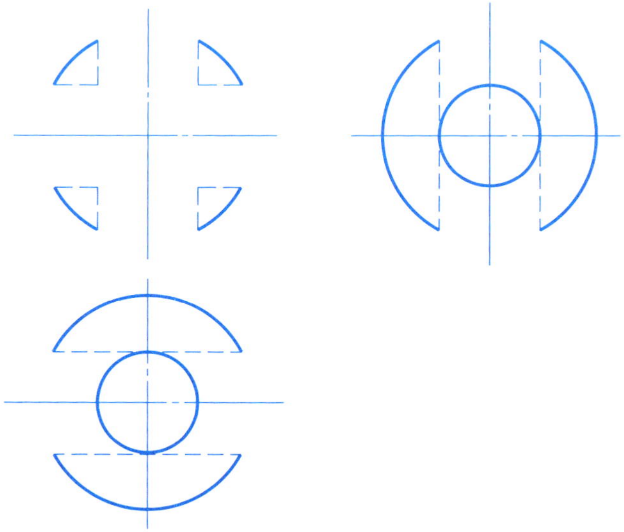

4.

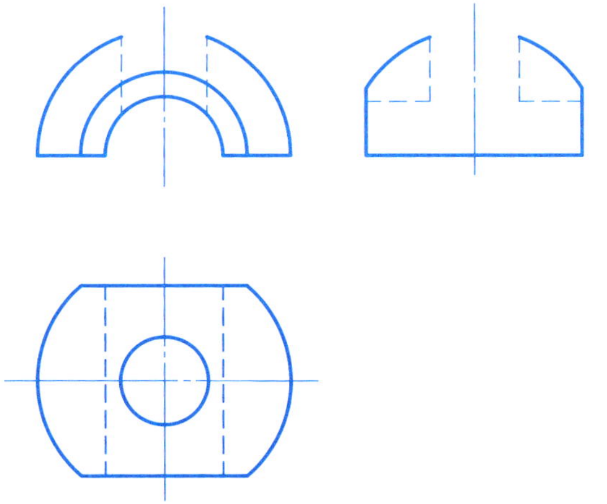

姓名　　　　班级　　　　学号

2-1-16 组合体构思练习(一)

1. 根据已知的主视图构思两种不同的组合体,并画出其他两个视图。

(1)

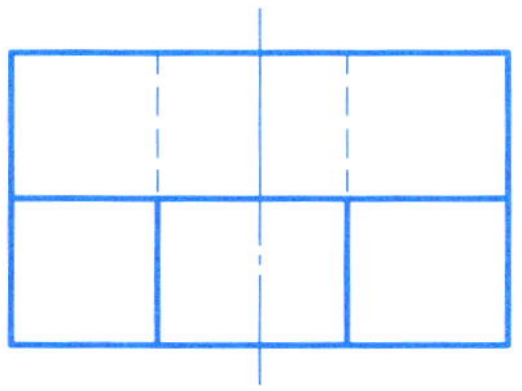

(2)

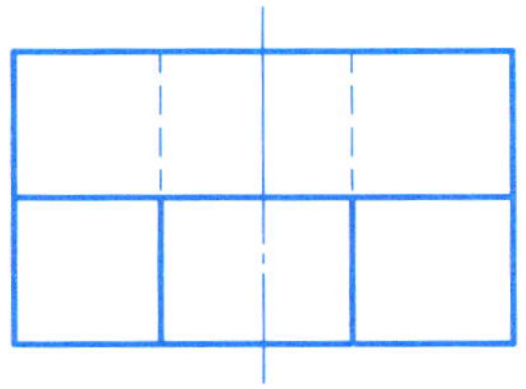

2. 根据已知的俯视图构思两种不同的组合体,并画出其他两个视图。

(1)

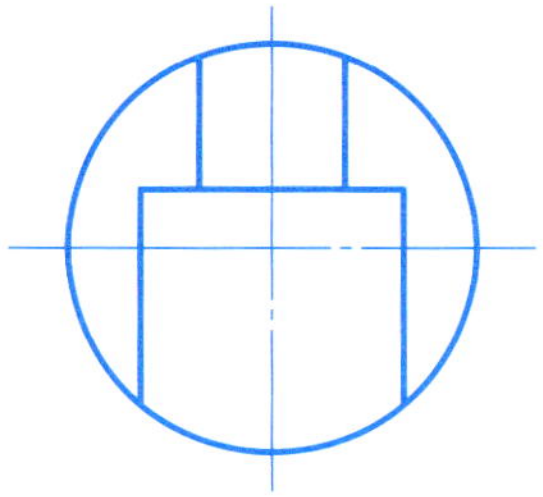

(2)

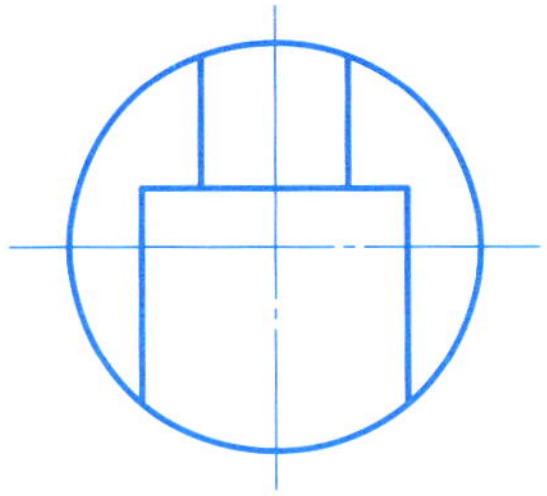

姓名　　　班级　　　学号

2-1-17　组合体构思练习(二)

已知组合体的两个视图,选择正确的第三视图(在括号内画√)。

(1)

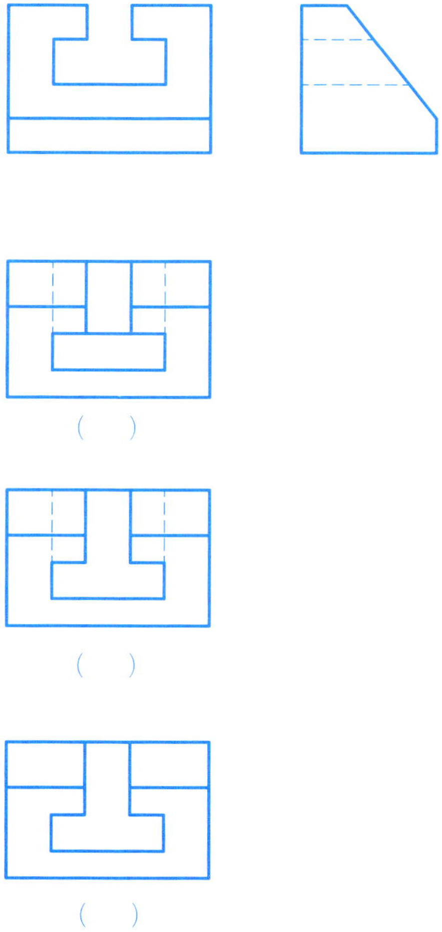

(2)

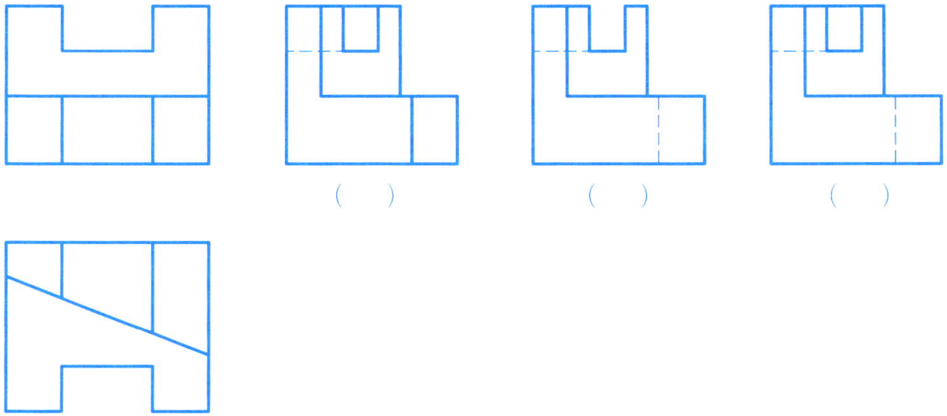

(3)

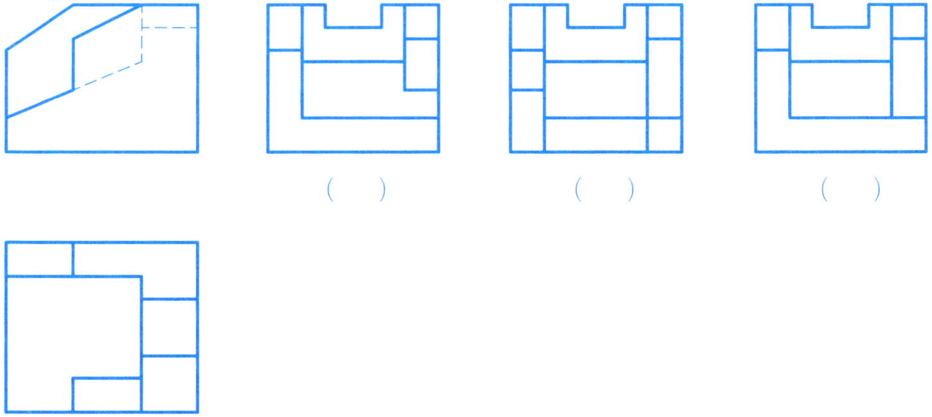

项目二　齿轮零件图的绘制与识读

2-2-1　齿轮画法练习

已知一标准直齿圆柱齿轮，$m=3$、$z=28$，根据直观图给定的结构，按规定画法补全齿轮的两个视图。

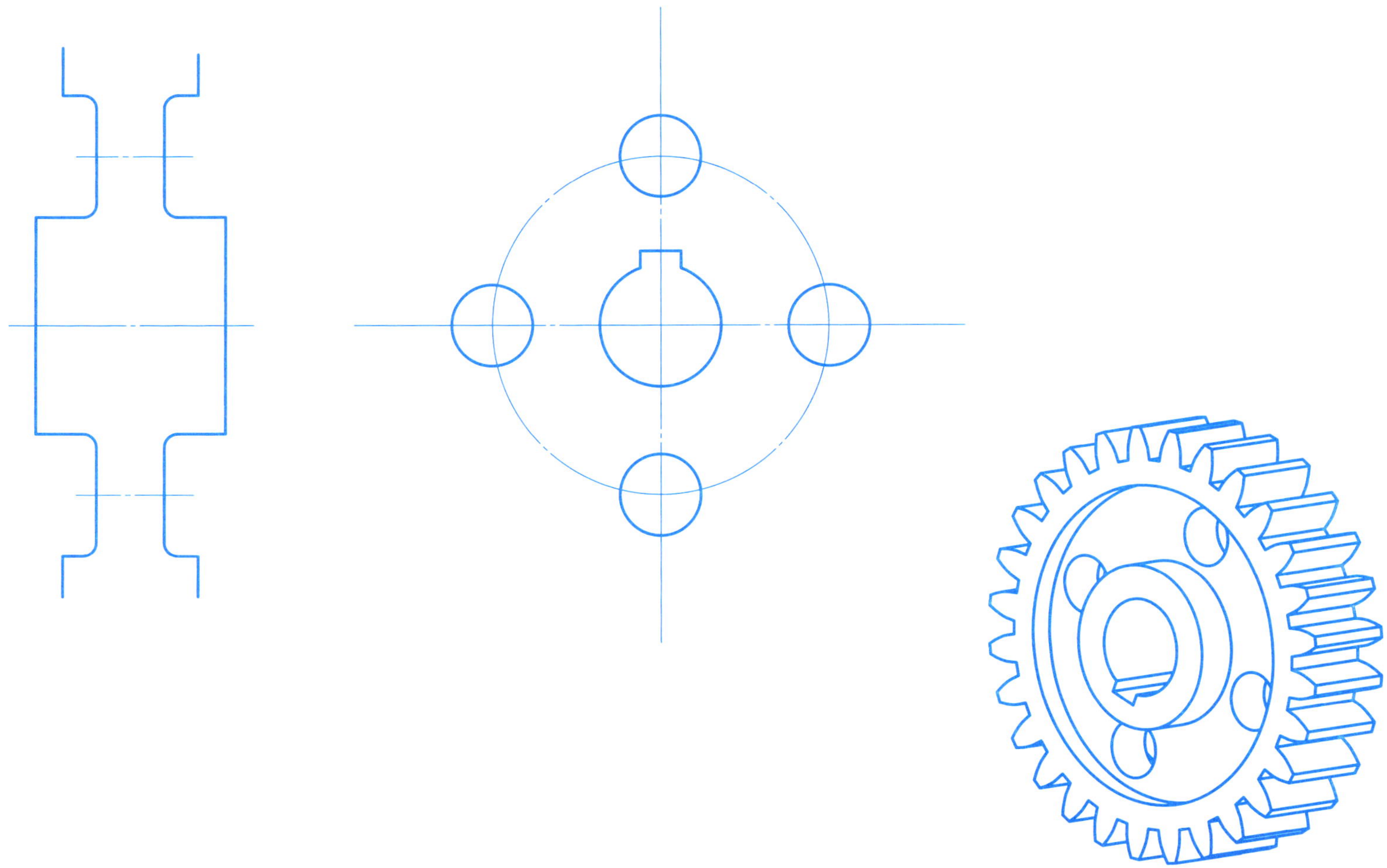

姓名　　　　班级　　　　学号

2-3-1　组合体尺寸标注练习(一)

用形体分析法标注组合体及基本几何体的尺寸(图中量取)。

(1)

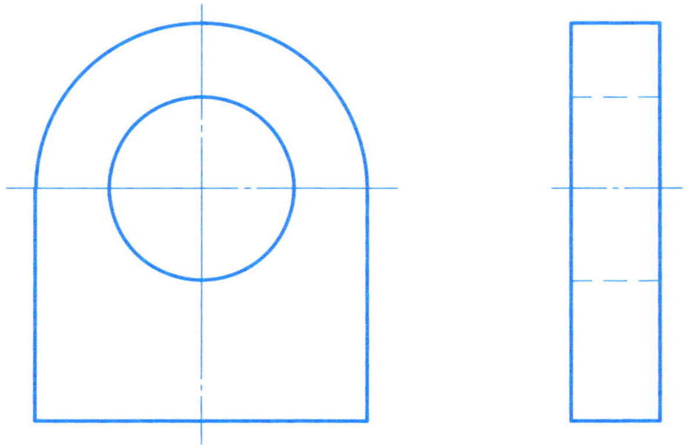

(2)

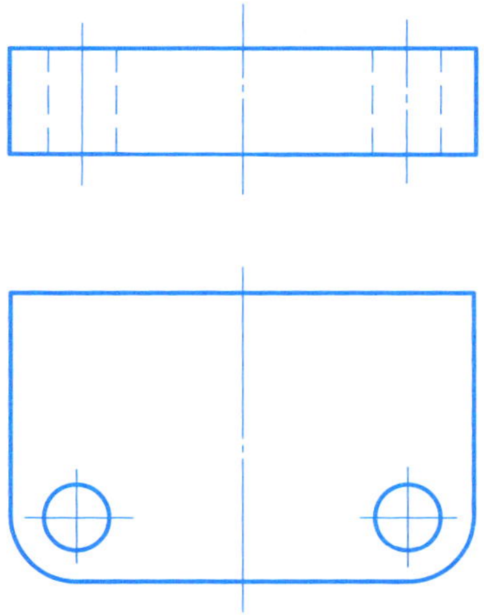

(3)

(4)

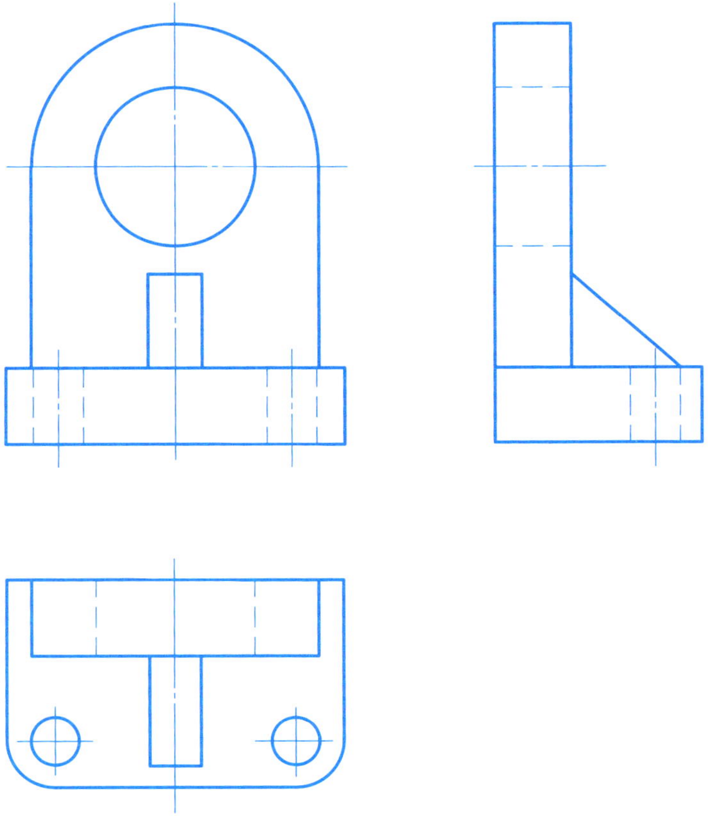

姓名　　　　班级　　　　学号

2-3-2　组合体尺寸标注练习(二)(尺寸从图中量取,取整数)

1.

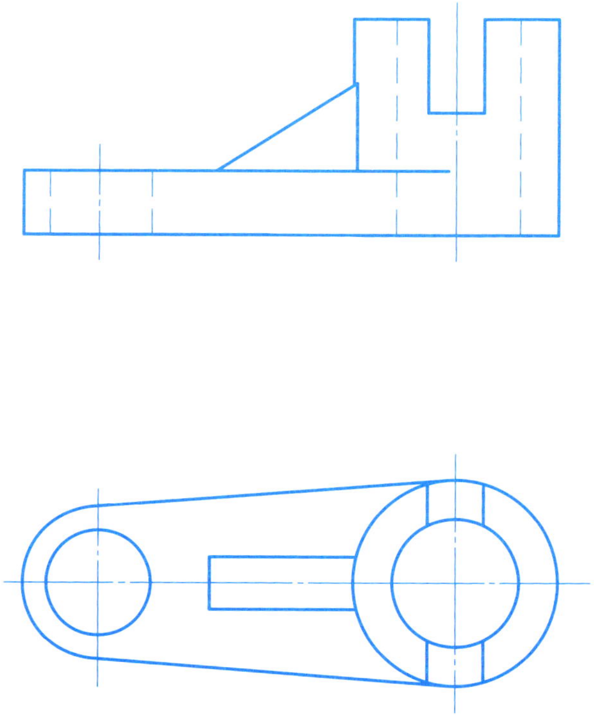

2.

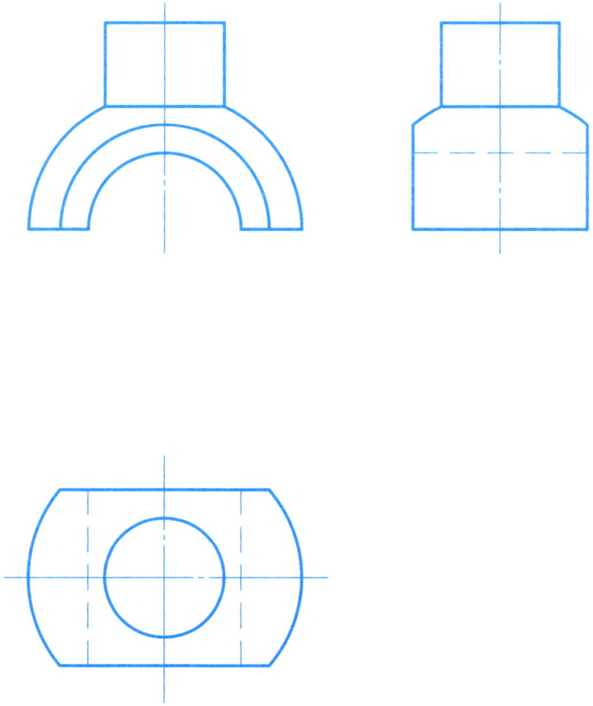

姓名　　班级　　学号

2-3-3 组合体尺寸标注练习(三)(尺寸从图中量取,取整数)

1.

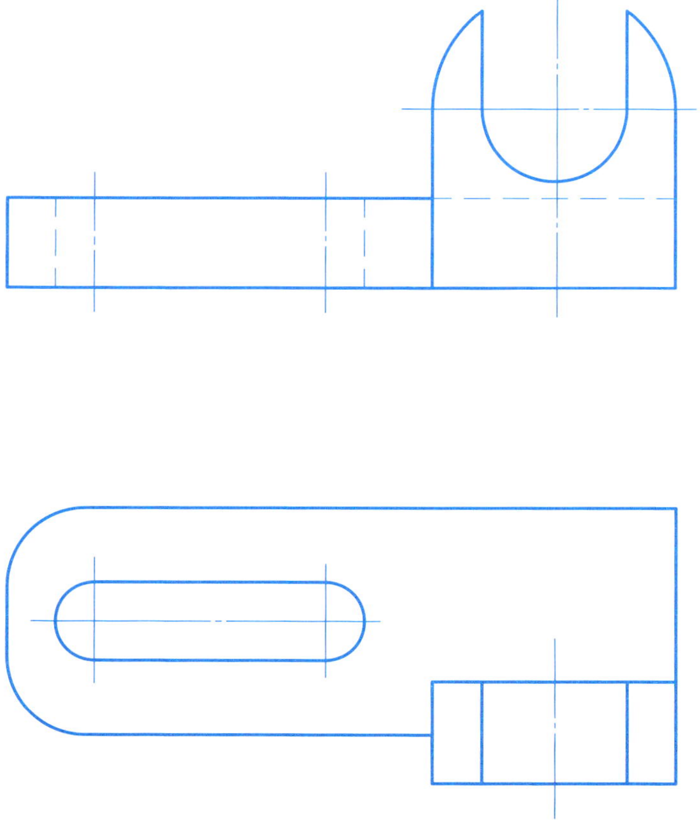

2.

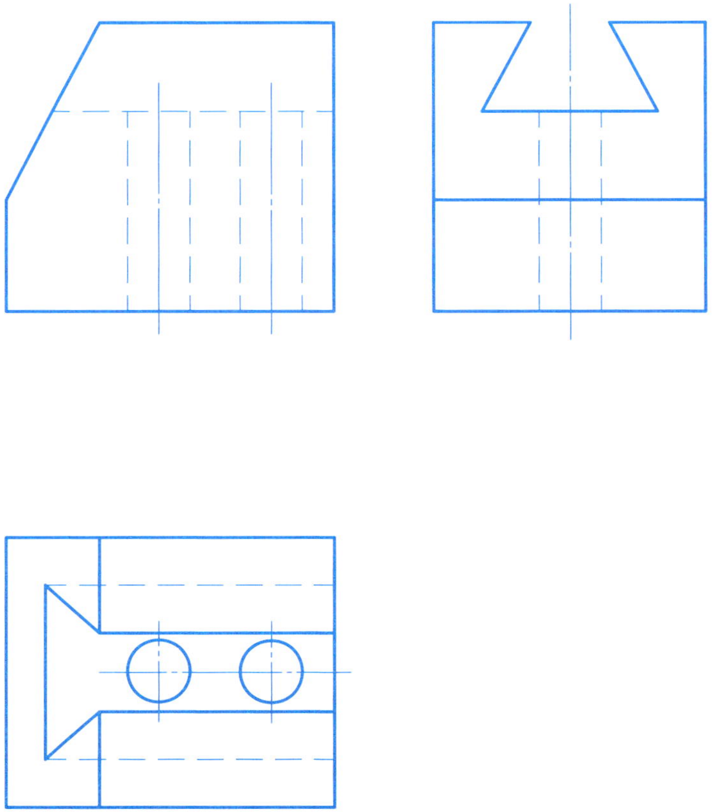

姓名　　　　班级　　　　学号

2-3-4 组合体三视图绘制练习(一)(根据轴测图徒手画出组合体的三视图,尺寸从图中量取)

1.

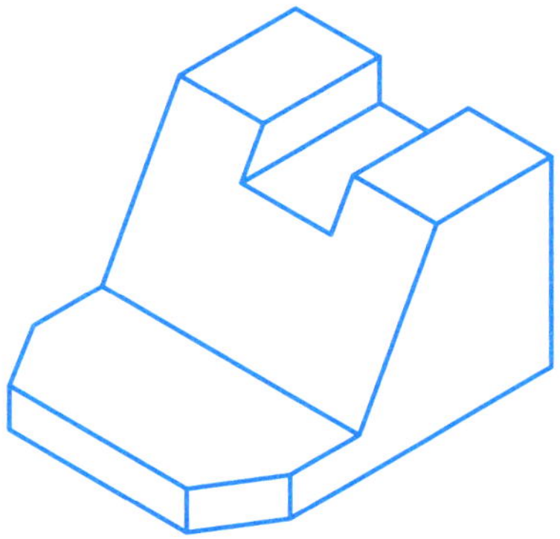

2.

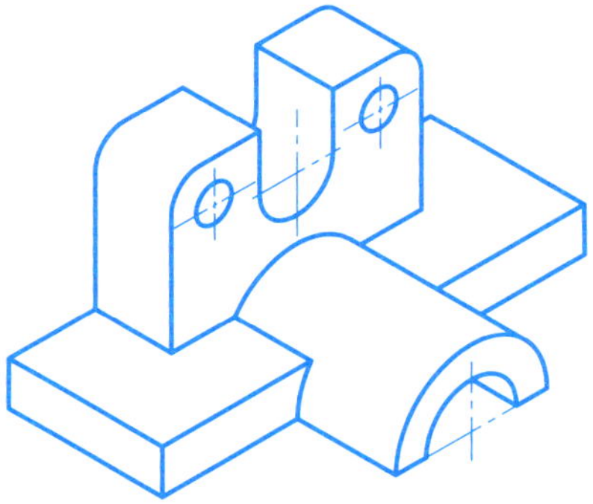

姓名　　　　班级　　　　学号

2-3-5 组合体三视图绘制练习(二)(根据轴测图所注尺寸,尺规绘制组合体的三视图)

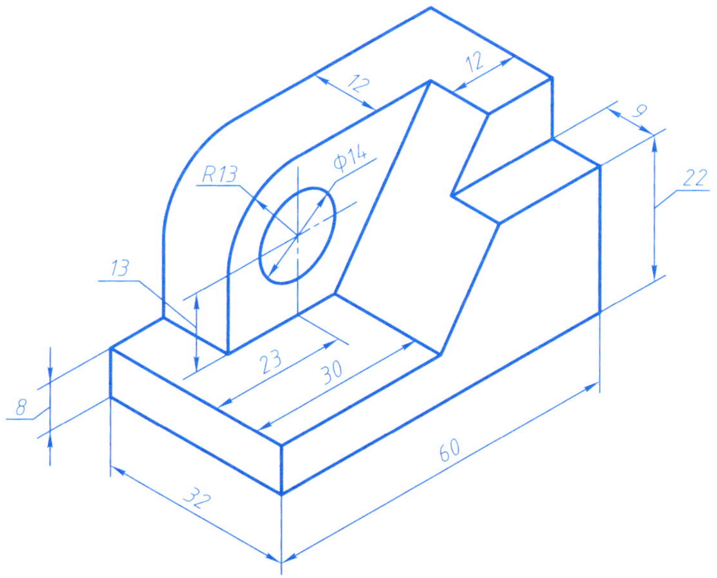

姓名 班级 学号

2-3-6 组合体三视图绘制练习(三)(根据轴测图所注尺寸,画组合体的三视图,并标注尺寸)

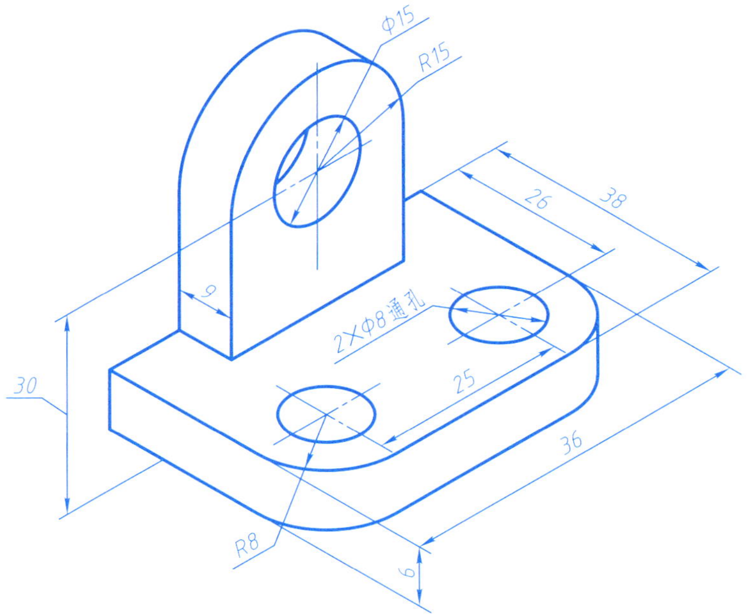

姓名　　　　班级　　　　学号

2-3-7　组合体三视图绘制练习（四）（根据轴测图在 A3 图纸上画出组合体的三视图，未注孔均为通孔，并标注尺寸）

1.

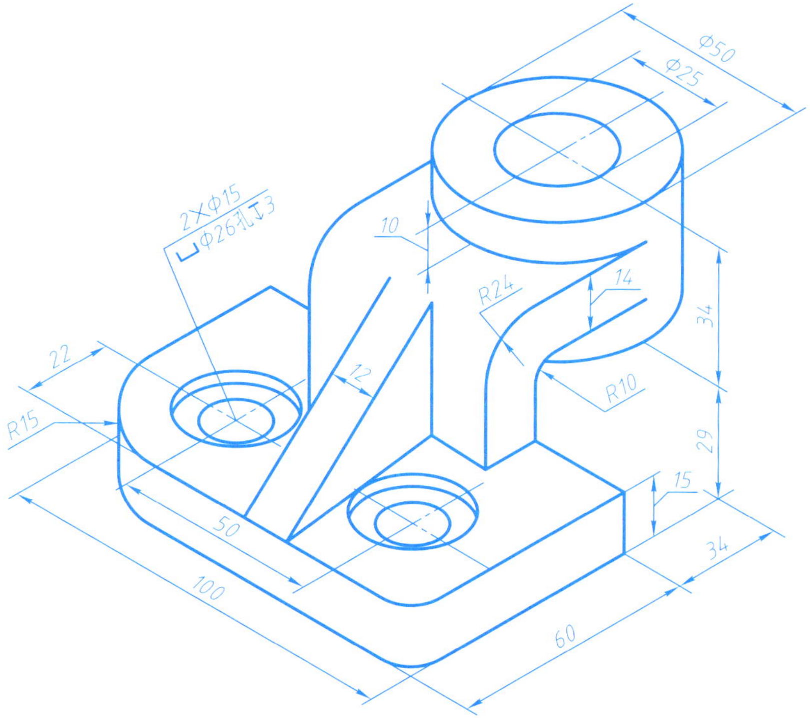

2.

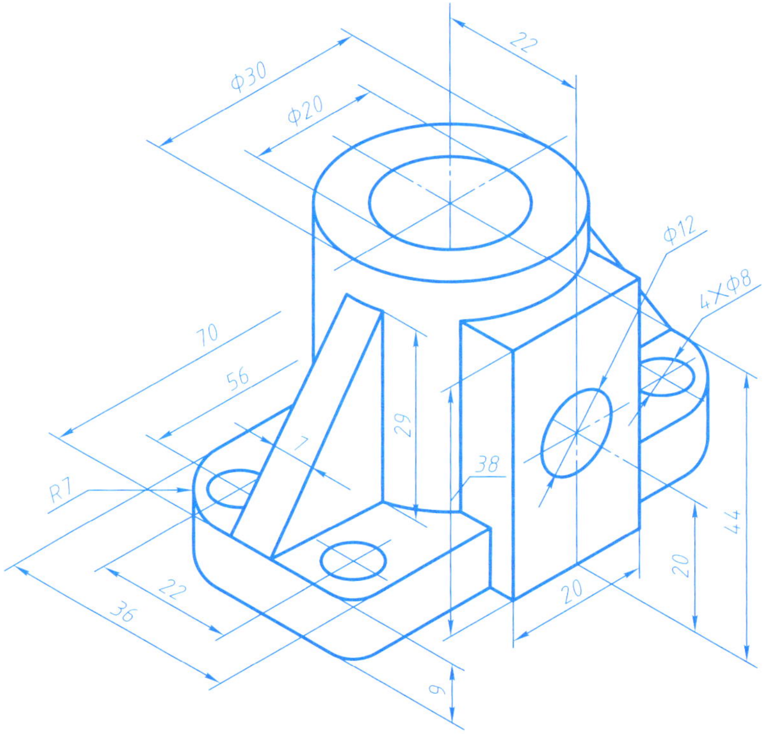

姓名　　　　班级　　　　学号

2-3-8　螺纹的规定画法及标注练习(一)(指出下列螺纹错误的画法，并在下边作出正确画法)

1.

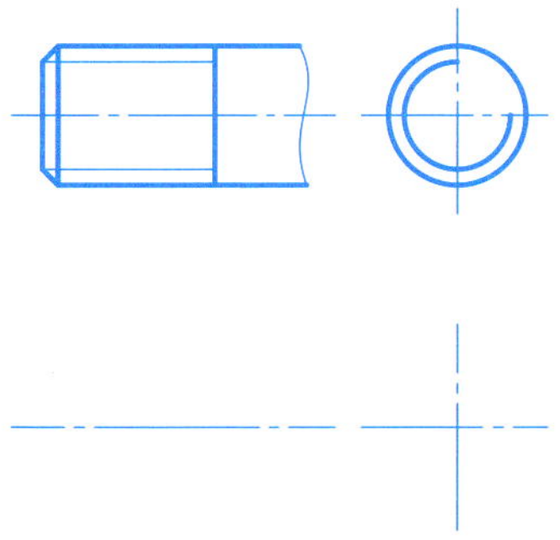

2.

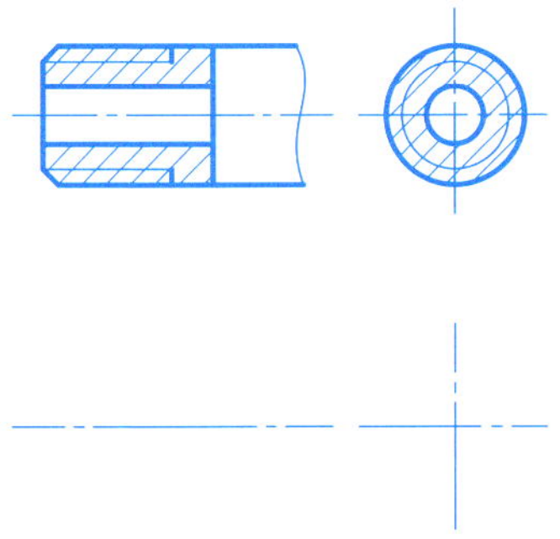

3.

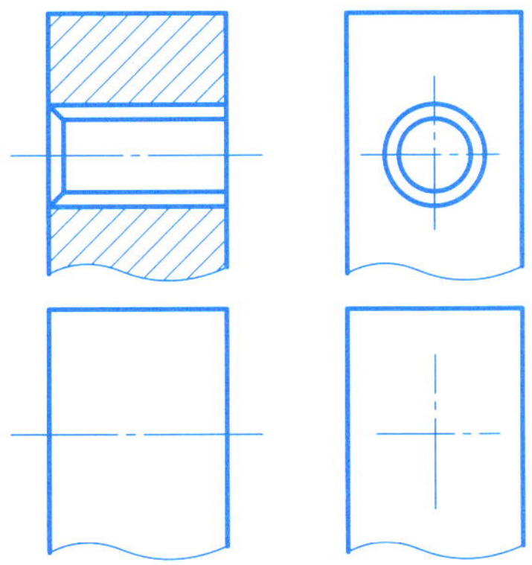

4.

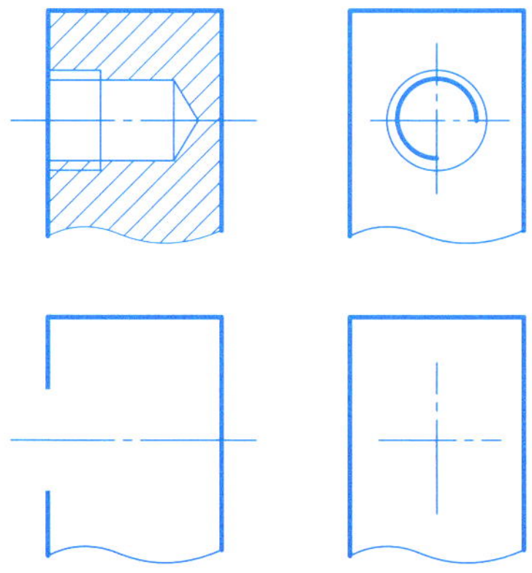

5.

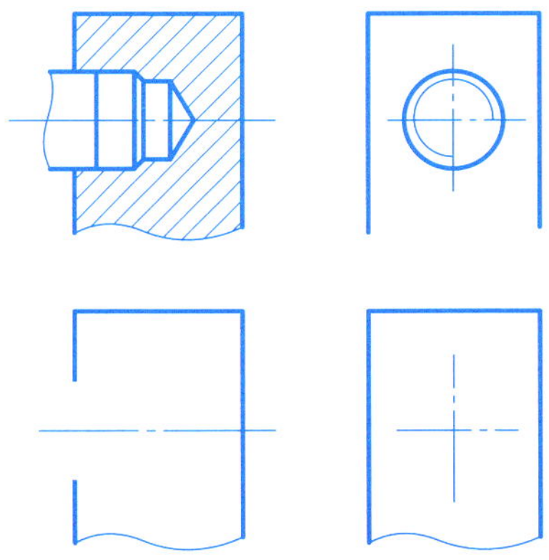

6.

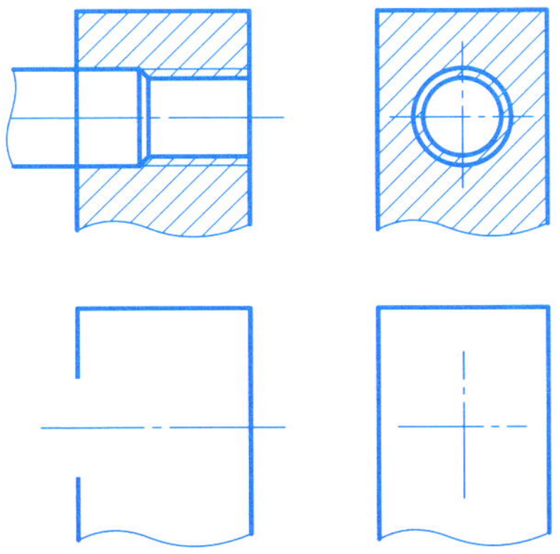

姓名　　　　班级　　　　学号

2-3-9 螺纹的规定画法及标注练习(二)

姓名 班级 学号

1. 识别下列螺纹标记中各代号的意义,填表。

螺纹标记	螺纹种类	螺纹大径	导程	螺距	线数	中径公差代号	旋向
M20-5H-L	普通粗牙螺纹						
M16×1.5LH-5g6g	外螺纹						
Tr26×10(P5)LH-3e							

2. 将螺纹标记标注在图形上。

(1) 普通螺纹 $d=20$ mm, $P=2.5$ mm,右旋,中、顶径公差代号 6g,旋入长度代号为 L

(2) 普通螺纹 $D=20$ mm, $P=1.5$ mm,左旋,中、顶径公差代号 6H,旋入长度代号为 N

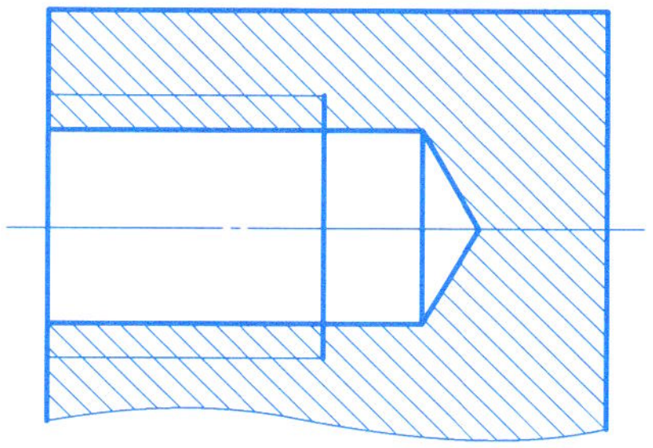

(3) G3/4A

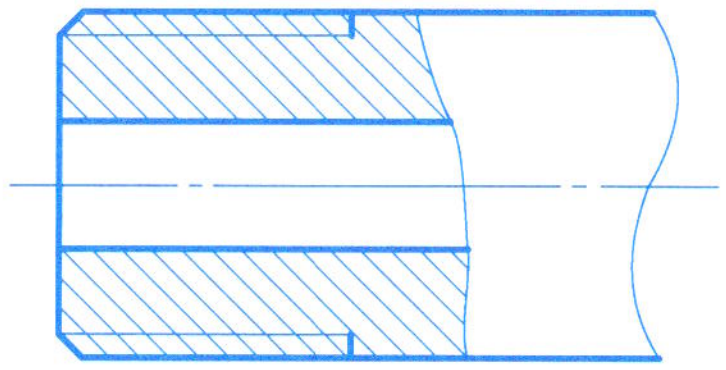

(4) Rc1/2

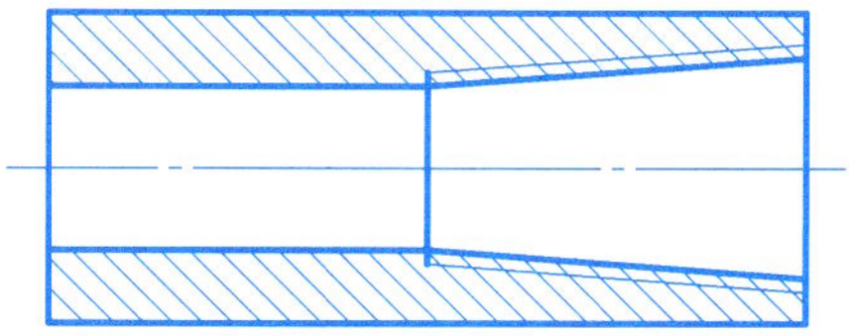

(5) Tr32×6LH

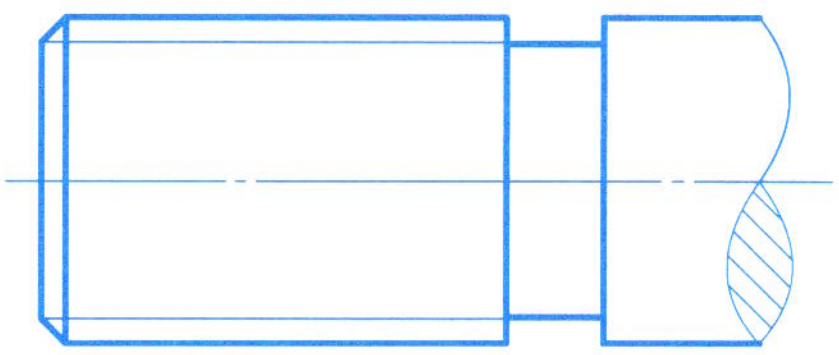

(6) B90×12LH-8H-L

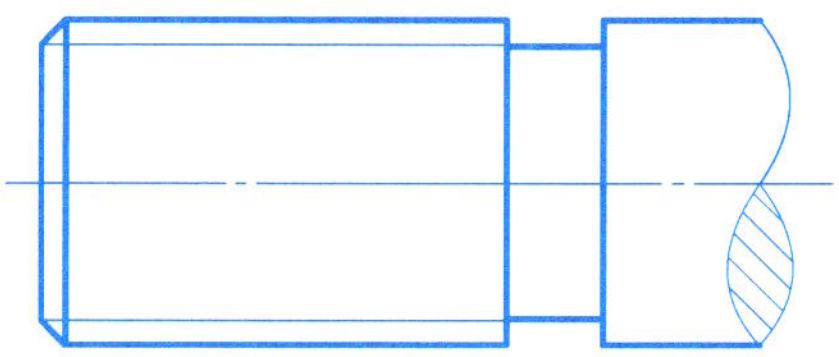

2-3-10 端盖零件图的识读

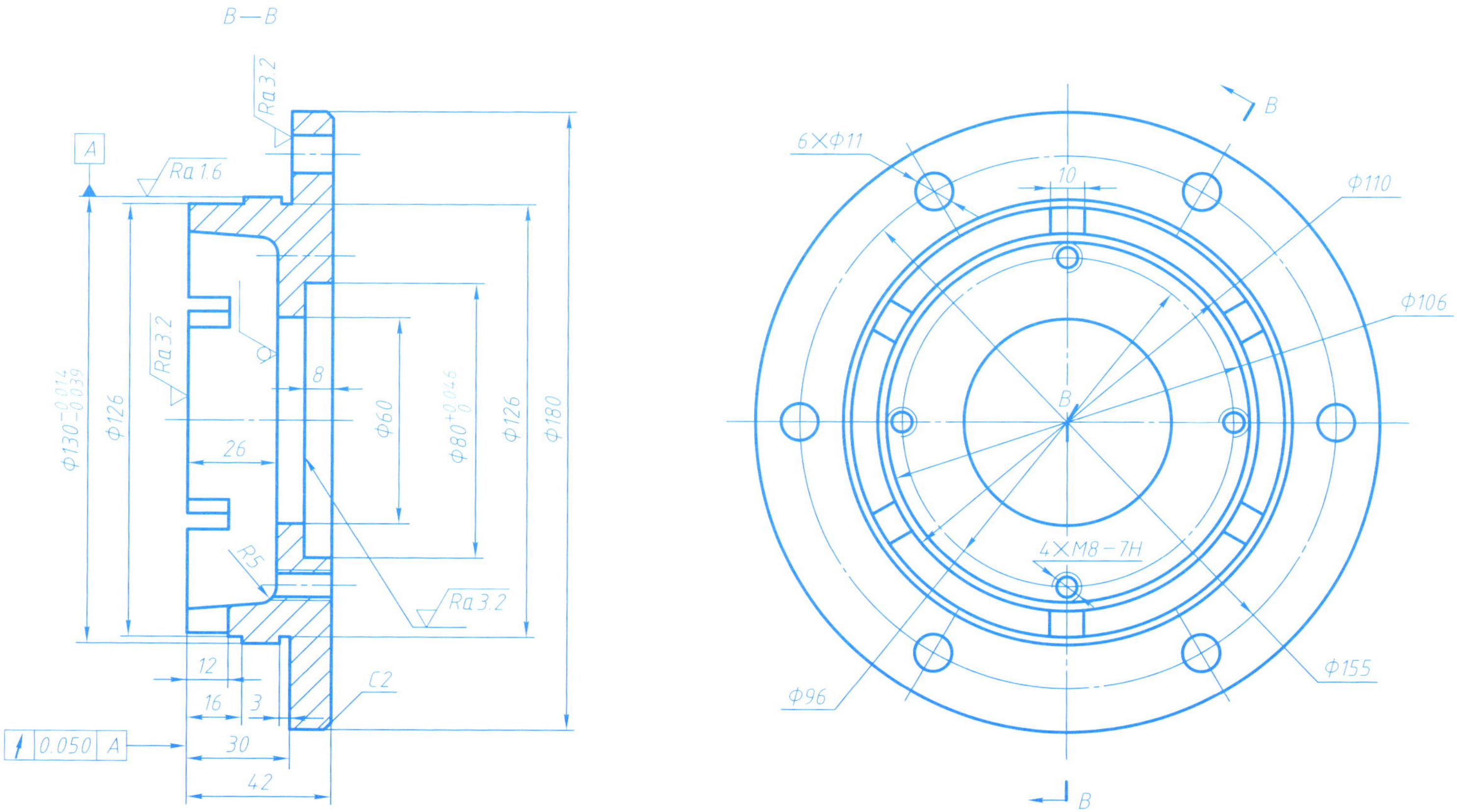

技术要求
铸件不得有砂眼、裂纹。

Ra12.5 (√)

制图	(姓名)	(日期)	端盖	比例	1∶2
审核				(图号)	
(校名 学号)			HT200		

姓名 班级 学号

2-3-11 端盖零件图的识读(续)

回答下列问题(零件图见上页):

(1) 该零件图采用了两个基本视图,分别是________和________。全剖视图按剖切面种类分为________、________和________。

(2) 端盖左端共有________个槽,槽宽为________,槽深为________。

(3) 端盖周围有________个圆孔,它们的直径为________,定位尺寸为________。

(4) 图中 $\phi130^{-0.014}_{-0.039}$ 部分的公称尺寸是________,上极限尺寸为________,下极限尺寸为________,上极限偏差为________,下极限偏差为________,公差是________。

(5) $\phi130^{-0.014}_{-0.039}$ 外圆柱面的表面粗糙度 Ra 的上限值为________。

(6) | ⌰ | 0.50 | A | 表示:被测要素为________,基准要素为________,公差项目为________,公差值为________。

(7) 4×M8-7H 其中:4 表示________,M 表示________,8 表示________,7H 表示________。

(8) 按 1∶2 画出端盖右视图(只需外形)。

姓名　　　　班级　　　　学号

2-3-12　轴承盖零件图的识读

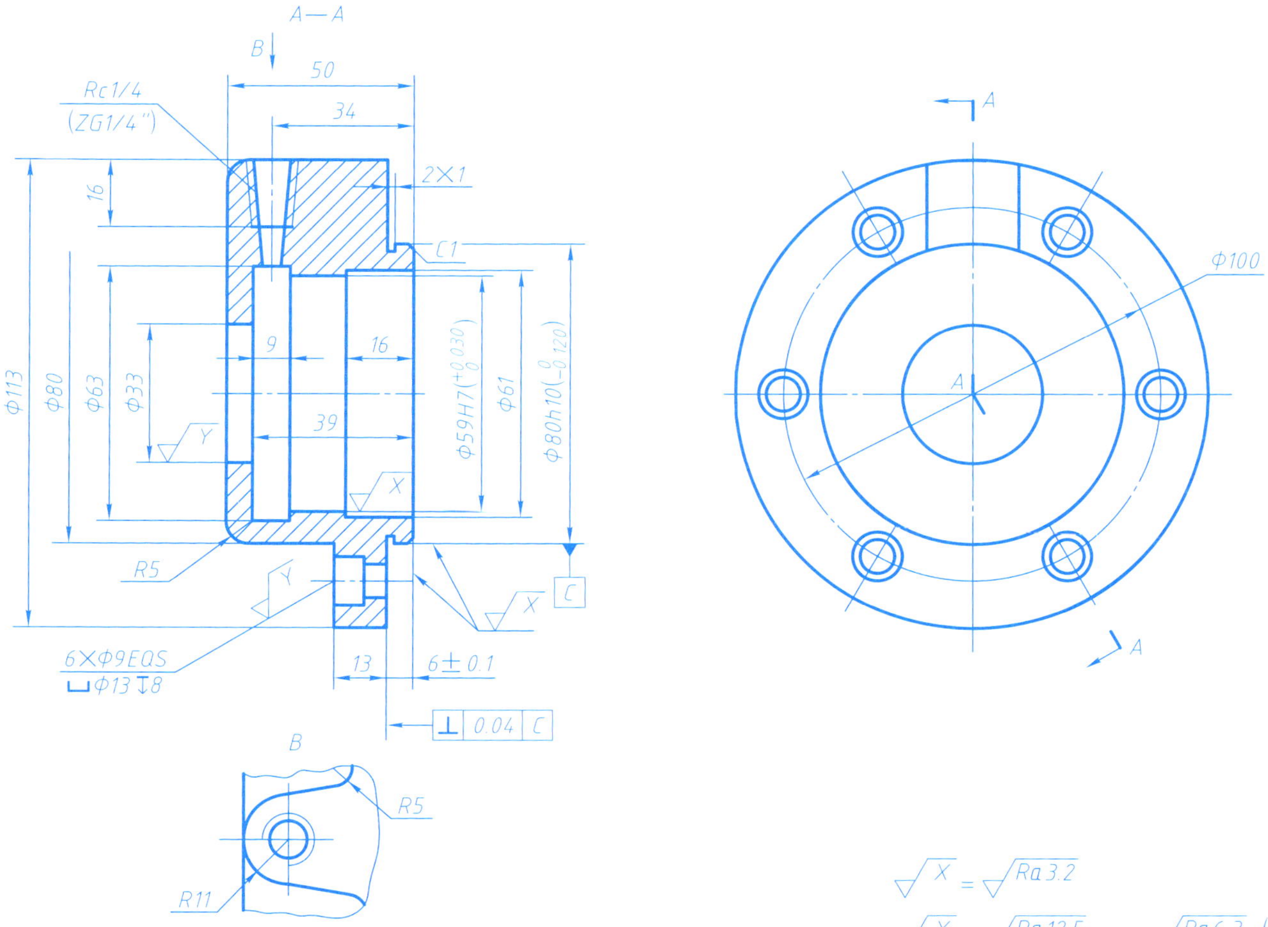

X = Ra3.2

Y = Ra12.5　　Ra6.3 (√)

制图	（姓名）	（日期）	轴承盖	比例	1:2
审核				（图号）	
（校名　　学号）			HT150		

姓名　　　　班级　　　　学号

2-3-13　轴承盖零件图的识读(续)

回答下列问题(零件图见上页):

(1) 该零件的表达方法:主视图采用________剖切平面的________剖视图,B 是________视图。

(2) 6×ϕ9EQS ⌴ϕ13↧8 表示________个 ϕ9 孔,其沉孔部分直径为________,深度为________,孔的定位尺寸是________。

(3) 标有尺寸 2×1 的工艺结构叫做________,它表示槽宽________,槽深________。

(4) 表面粗糙度要求高的表面分别是:直径为________和________的表面和________端面。

(5) 解释几何公差:| ⊥ | 0.04 | C |

被测要素________。

基准要素________。

公差项目________,公差值________。

姓名　　　　班级　　　　学号

2-3-14　手轮零件图的识读

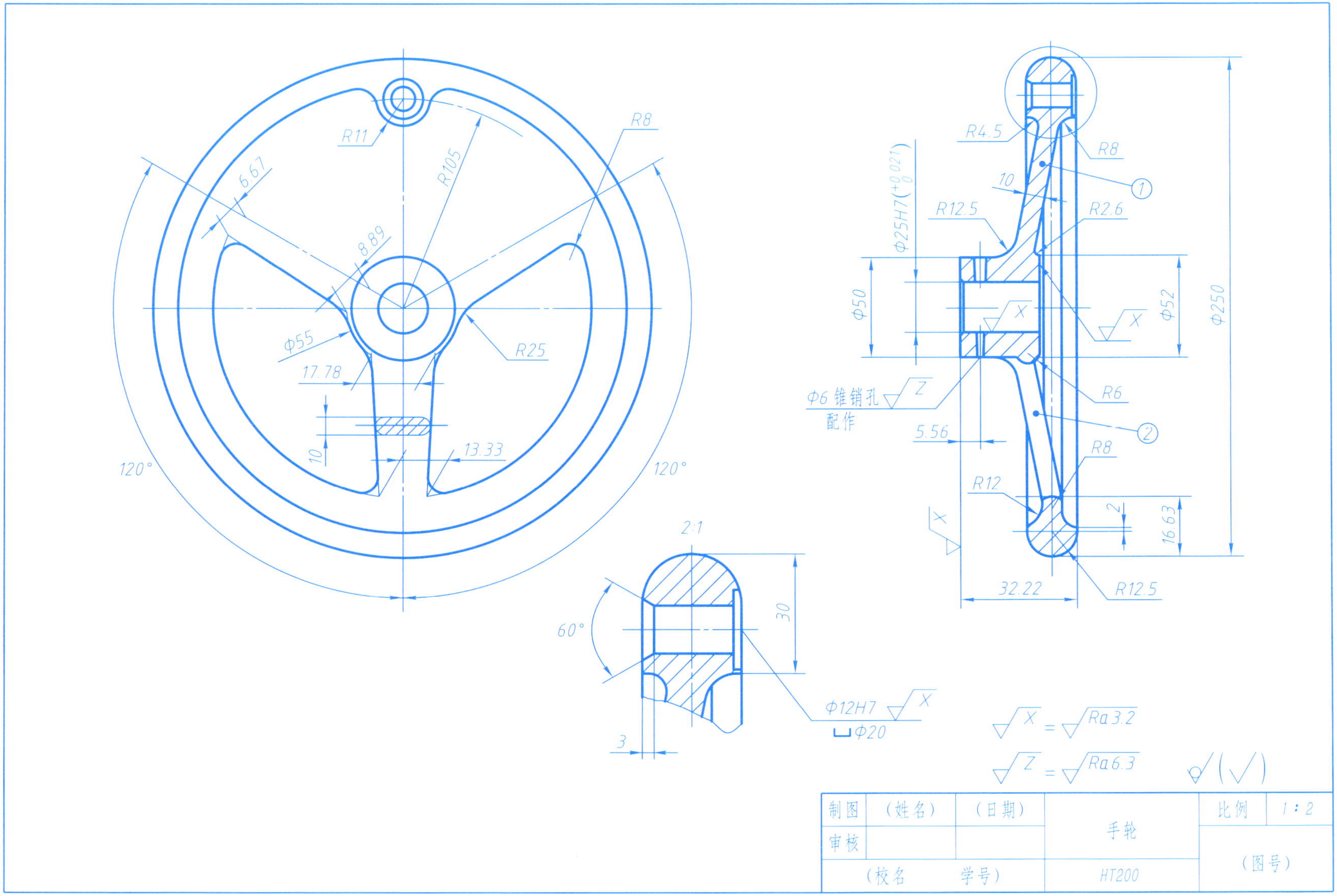

姓名　　　　班级　　　　学号

2-3-15 手轮零件图的识读(续)

回答下列问题(零件图见上页):

(1) 该零件图的名称是________,材料是________,比例是________。

(2) 零件图上除两个基本视图外,还有一个图形的名称是________视图。

(3) 零件图上标有①处是________结构,标有②处是________结构,未画上剖面符号是因为该结构沿________向进行剖切而采用________的画法。

(4) 主视图上有两个同心小圆,其直径分别为________和________,定位尺寸为________。

(5) 辐板的厚度是________。辐条的厚度是________,其外形的大小端尺寸分别是________和________。

(6) 图中注出的代号:$\phi25H7(^{+0.021}_{0})$中,$\phi25$ 表示________,H7 表示________,上极限偏差是________,下极限偏差是________,公差是________。

(7) 轴孔的表面粗糙度代号是________,代号中的参数值是指________。

姓名　　　　班级　　　　学号

2-3-16　端盖零件图的识读

1. 想象零件的结构形状，完成右视图。

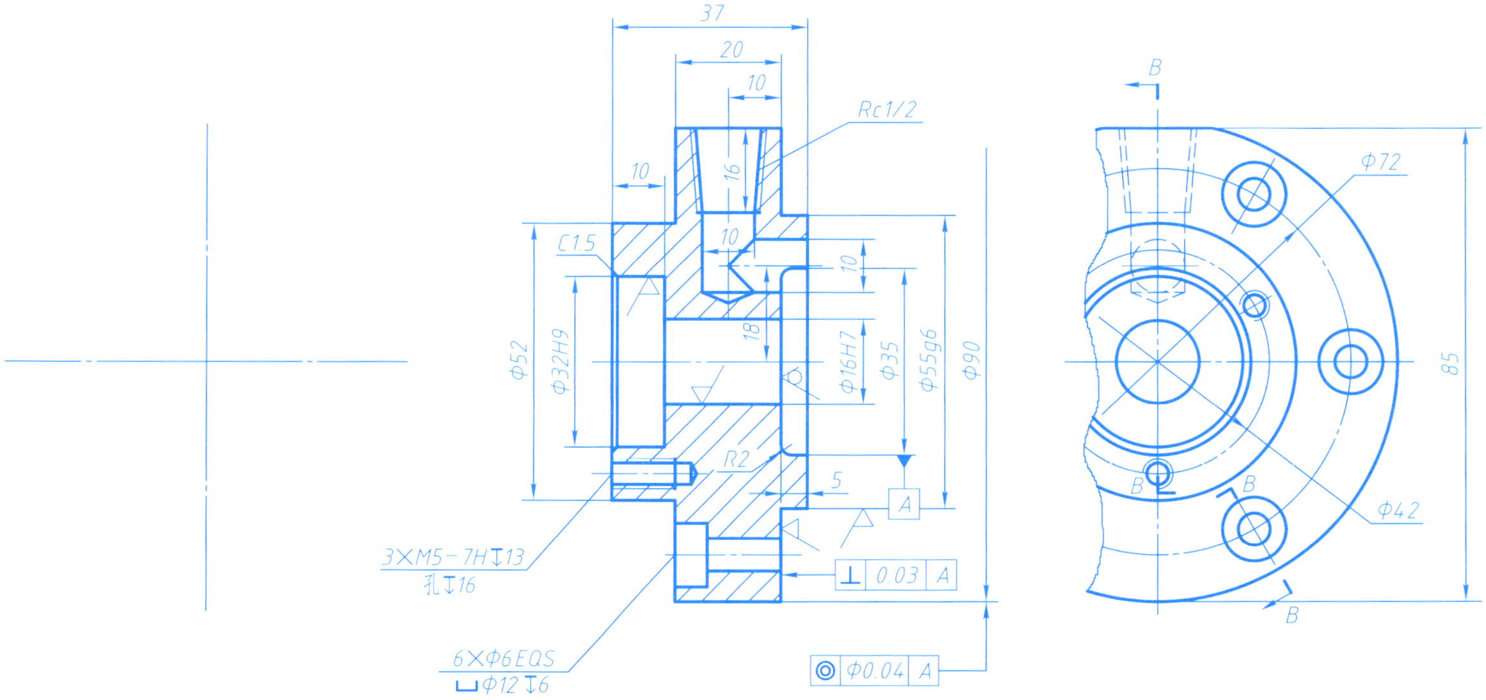

技术要求

1. 铸件不得有砂眼、裂纹。
2. 锐边倒角C1。
3. 全部螺纹均由C1.5的倒角。
4. 铸件应作时效处理。

√ = √Ra 3.2　　√Ra 12.5 (√)

制图	（姓名）	（日期）	端盖	比例	
审核				（图号）	
（校名　　　学号）			HT150		

姓名　　　　班级　　　　学号

2-3-17　端盖零件图的识读(续)

2. 回答下列问题(零件图见上页):

(1) 零件的主视图是________剖视图,采用的是________剖切平面。

(2) 零件长度方向的主要尺寸基准在________侧,是长度为________圆柱体的________断面。

(3) 零件上有________处几何公差,它们的名称是________度和________度,基准是________。

(4) 该零件左端面凸缘有________个螺孔,公称尺寸是________,螺纹长度是________。

(5) 该零件左端面有________个沉孔,尺寸是________。

姓名　　　　班级　　　　学号

模块三　叉架类零件的图样绘制与识读

项目一　拨叉零件图的绘制与识读

3-1-1　基本视图练习

补全所缺视图。

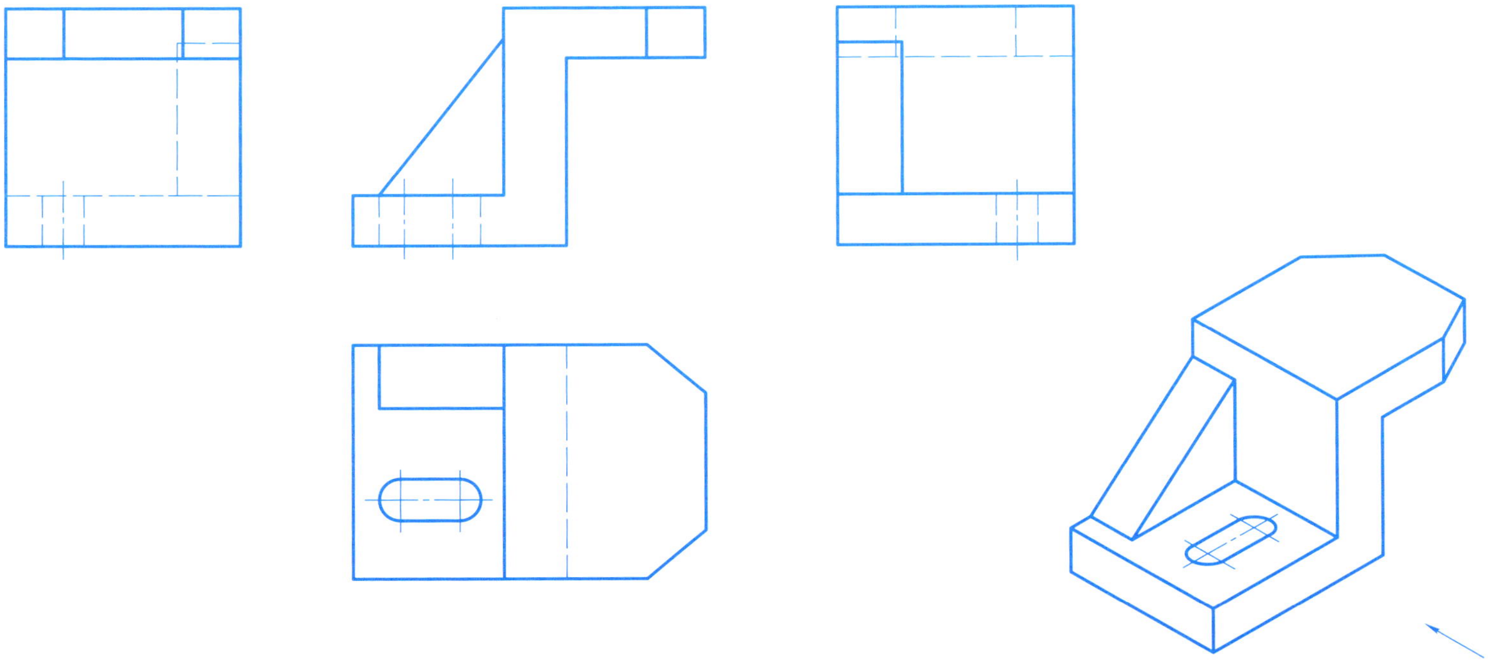

姓名　　　　　班级　　　　　学号

3-1-2 局部视图和斜视图练习(一)

1. 补画出局部视图和斜视图。

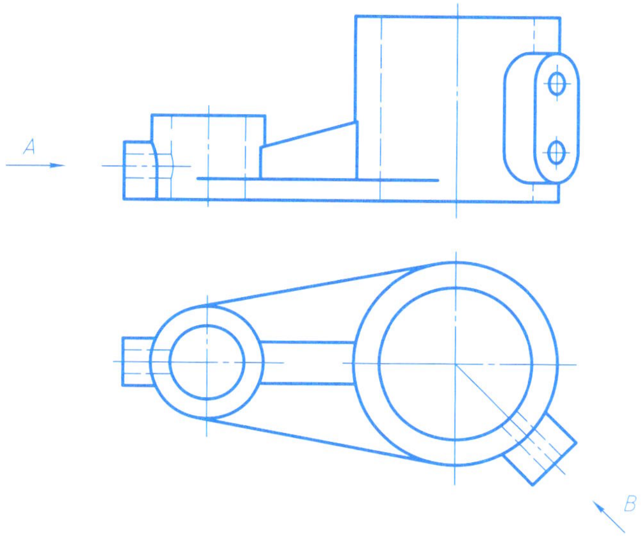

2. 补画出局部视图。

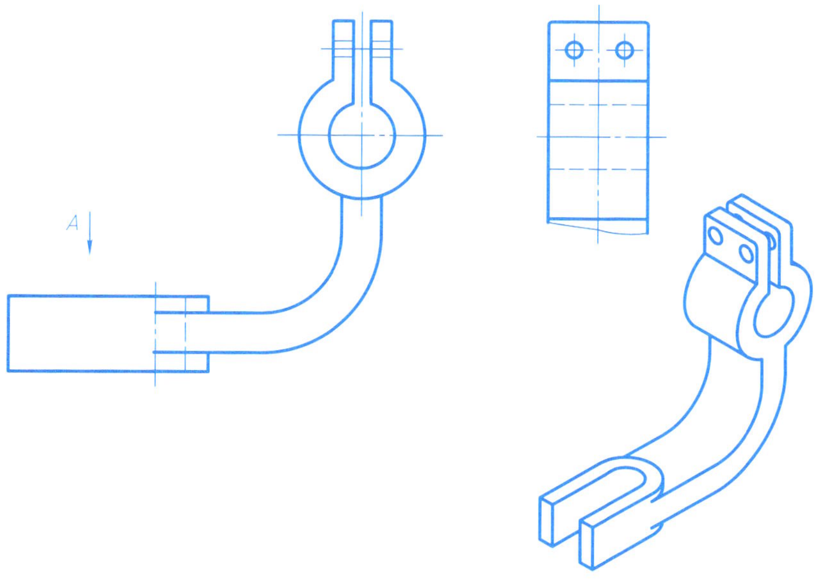

姓名　　班级　　学号

3-1-3 局部视图和斜视图练习(二)

1. 参照轴测图,作斜视图和局部视图,并按规定进行标注。

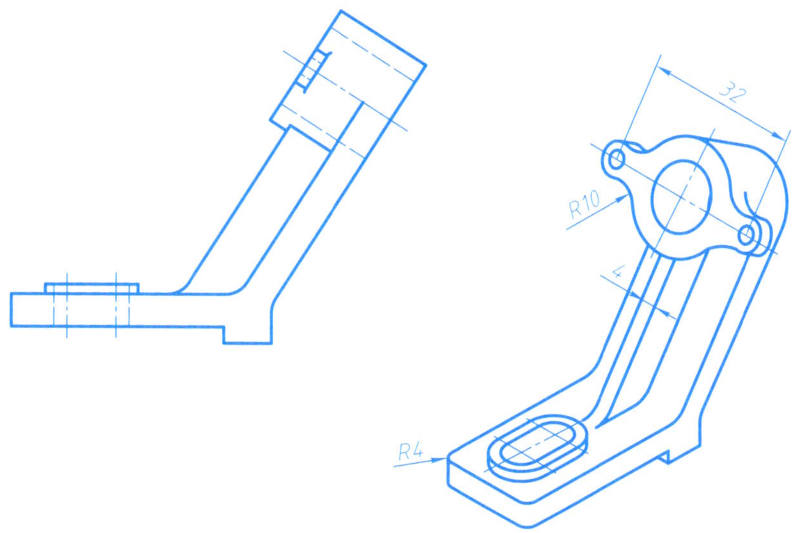

2. 读懂弯板各部分形状,完成局部视图和斜视图,并按规定标注。

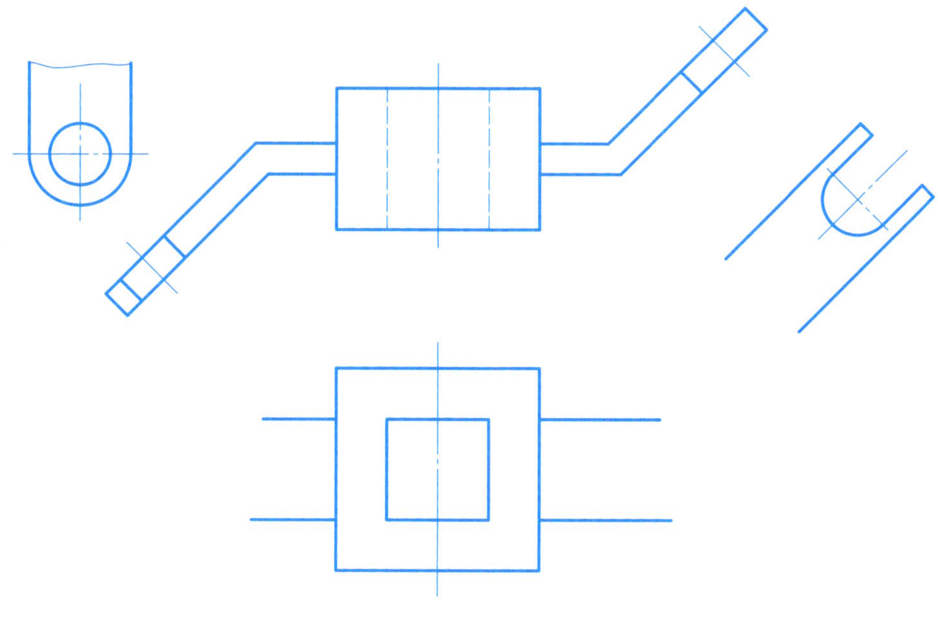

3-1-4 全剖视图练习（一）

姓名 班级 学号

1. 将主视图改画成全剖视图。

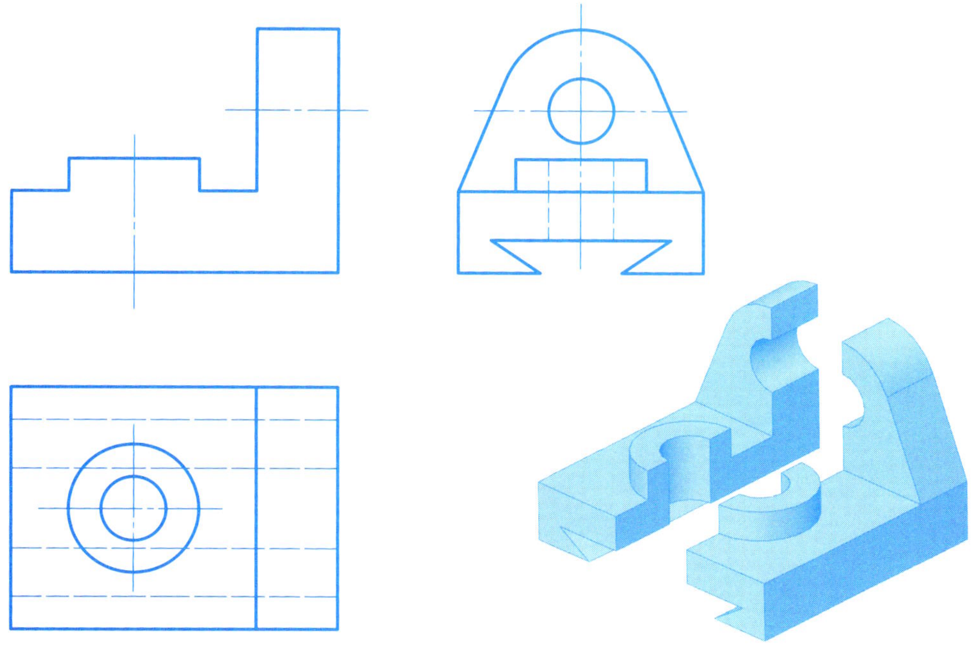

2. 补全主视图中缺漏的图线。

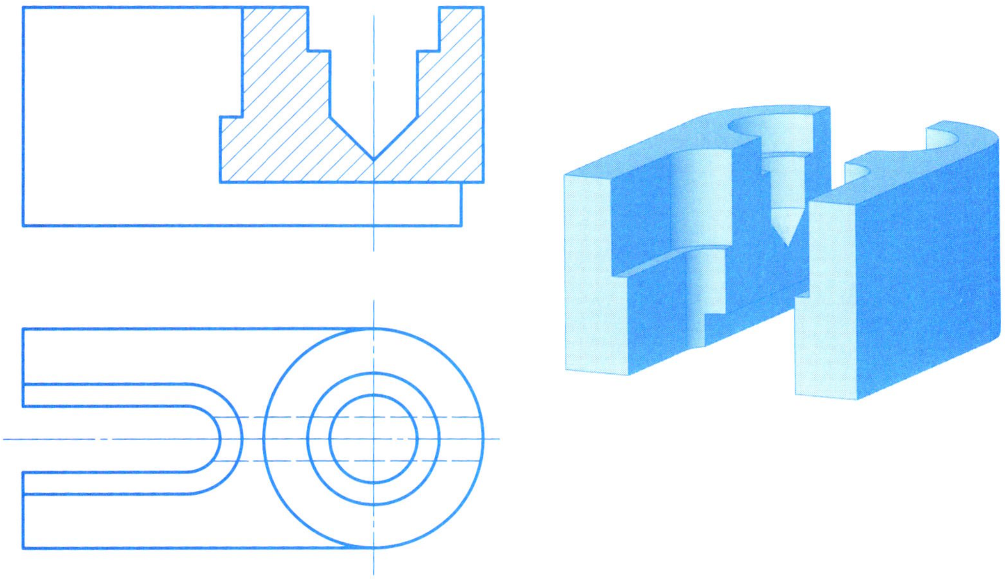

3-1-5 全剖视图练习(二)(在指定位置将主视图改画成全剖视图)

1.

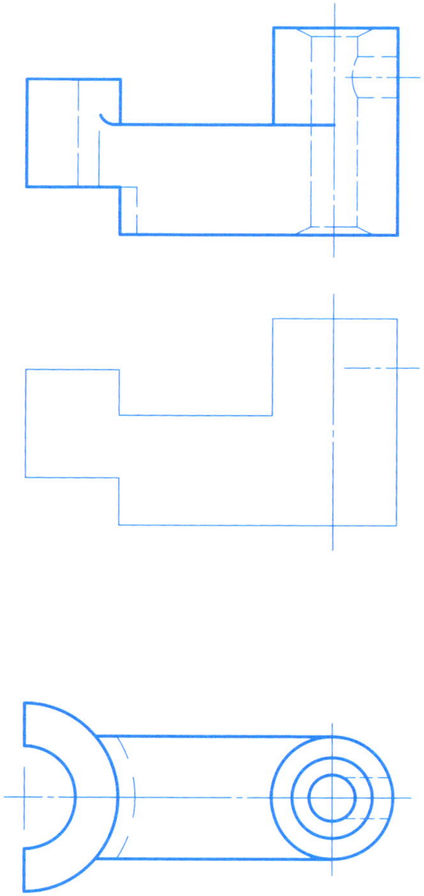

2.

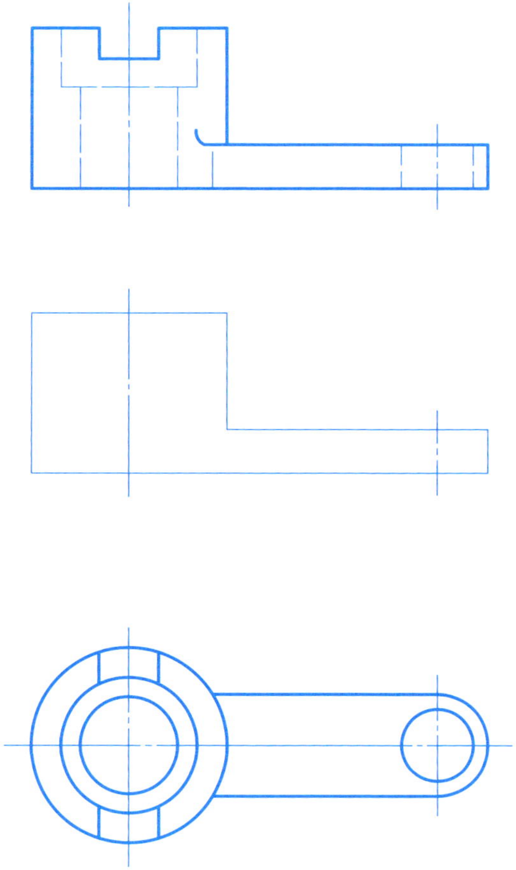

姓名　　　　班级　　　　学号

3-1-6　全剖视图练习(三)(在指定位置将主视图改画成全剖视图)

1.

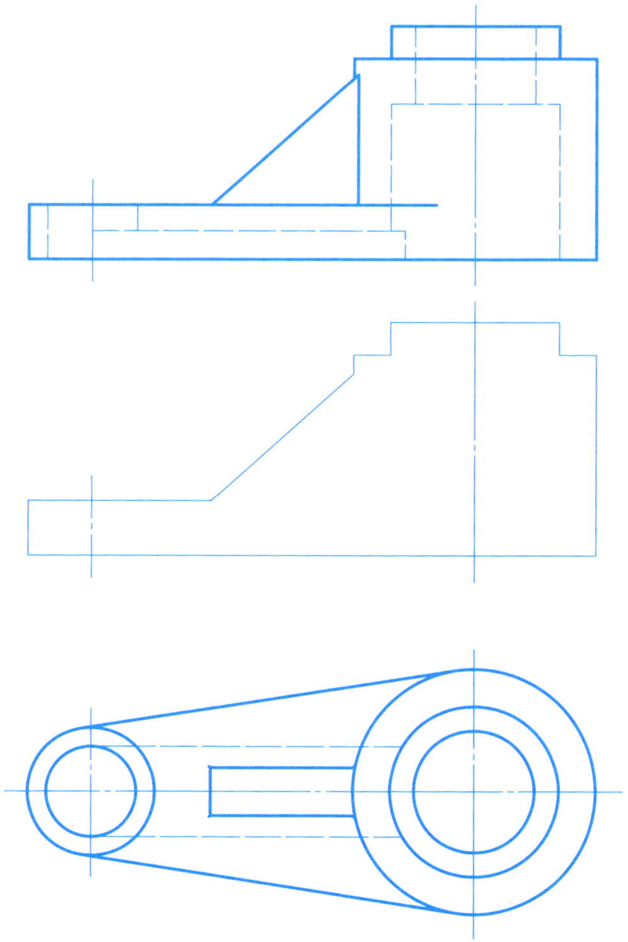

2.

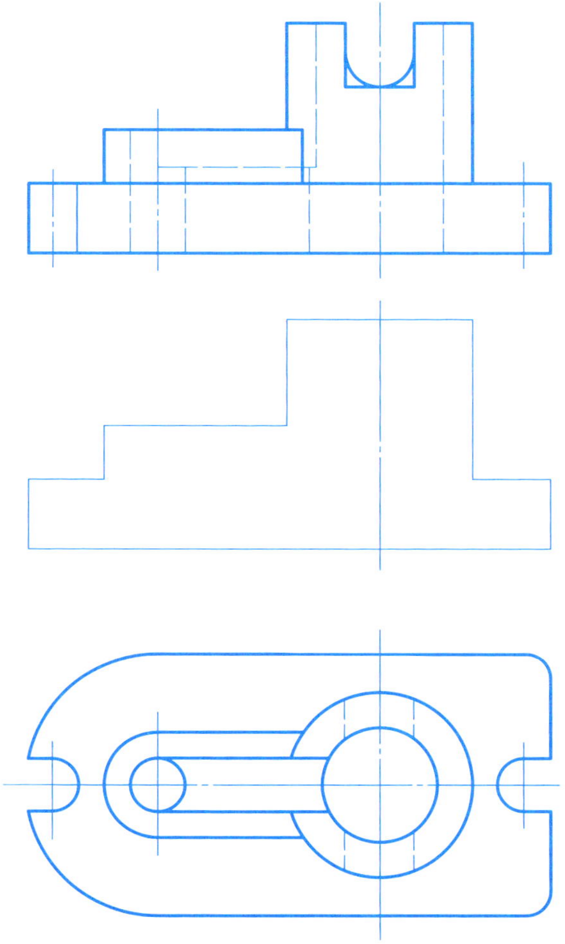

姓名　　班级　　学号

3-1-7　全剖视图练习(四)(在指定位置将主视图改画成全剖视图)

1.

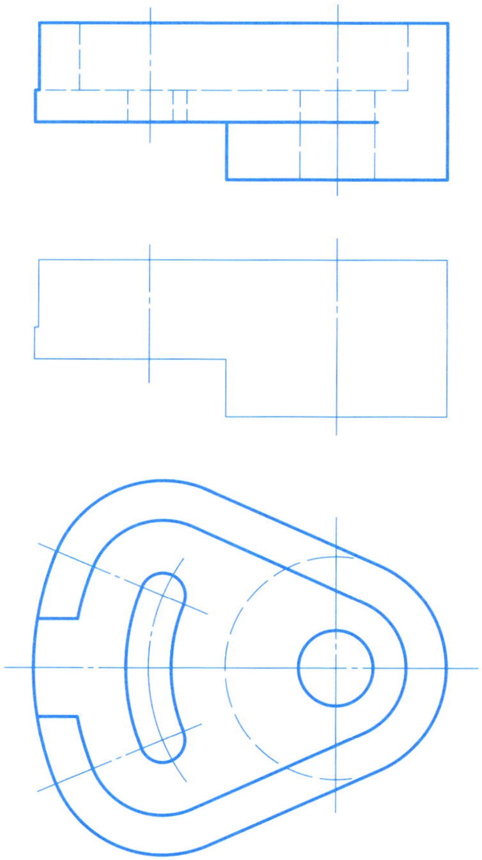

2.

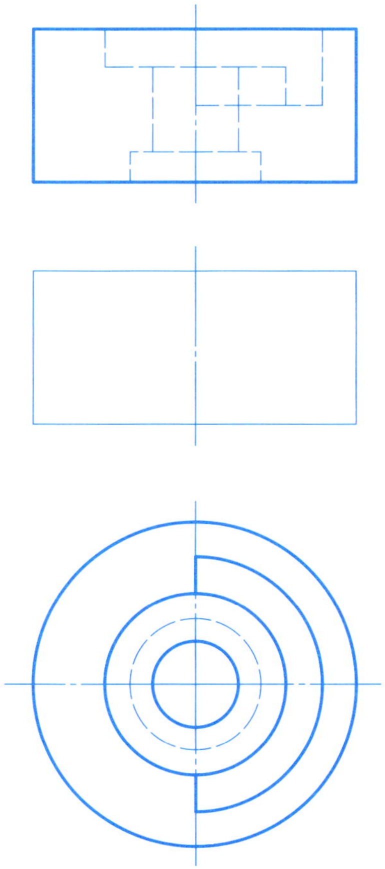

姓名　　　　班级　　　　学号

3-1-8 全剖视图练习(五)(作主体的左视全剖视图)

1.

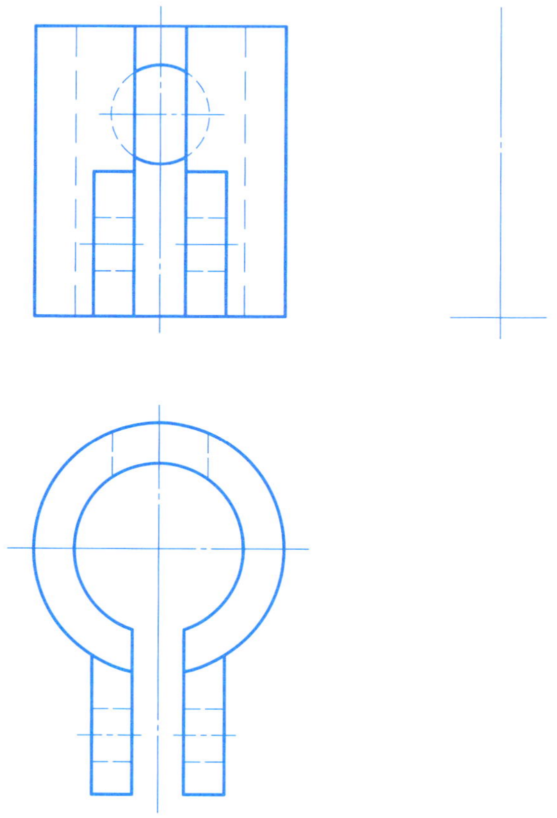

2.

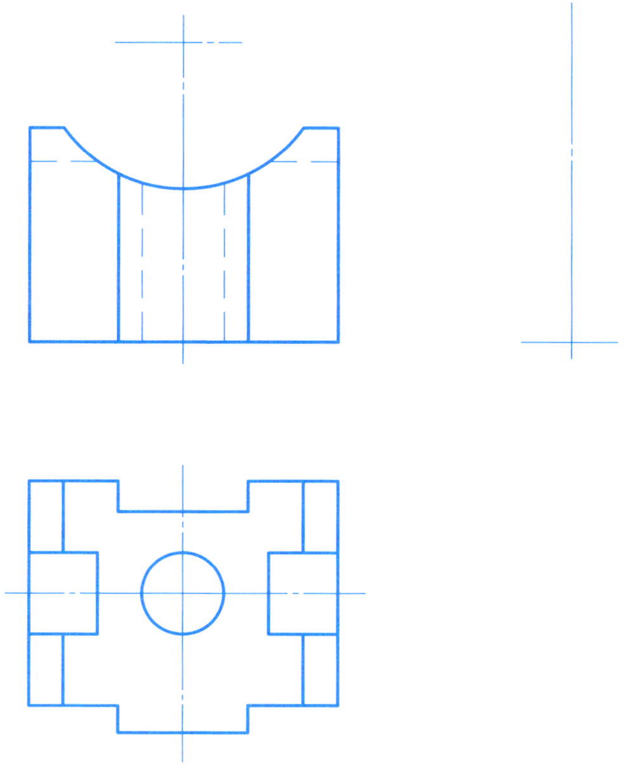

姓名　　　　班级　　　　学号

3-1-9 全剖视图练习(六)

按剖视的简化画法，在指定位置将左边视图所示零件的主视图画成全剖视图。

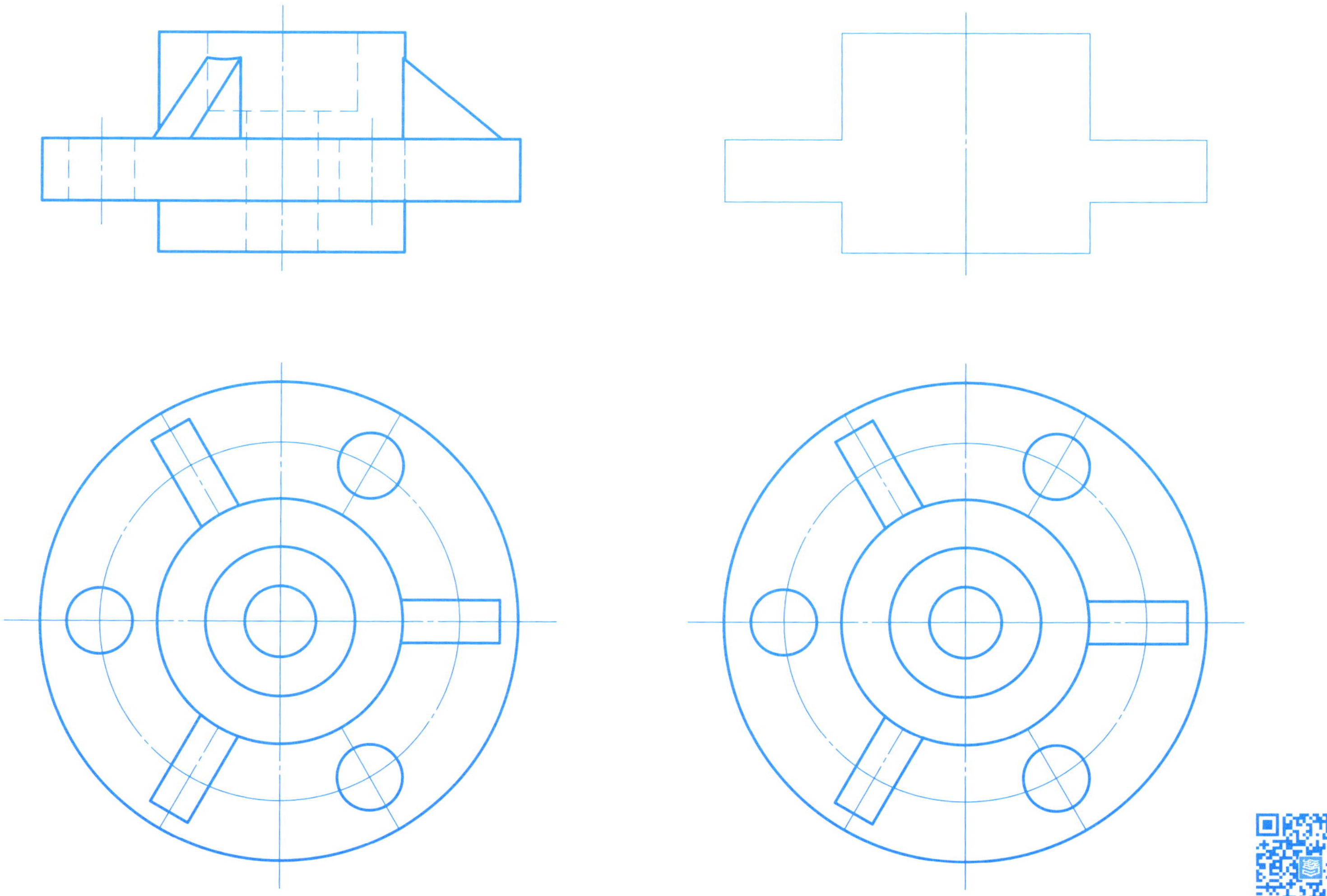

姓名　　　　班级　　　　学号

3-1-10 半剖视图练习(一)(补全半剖视图中所漏的图线)

姓名 班级 学号

1.

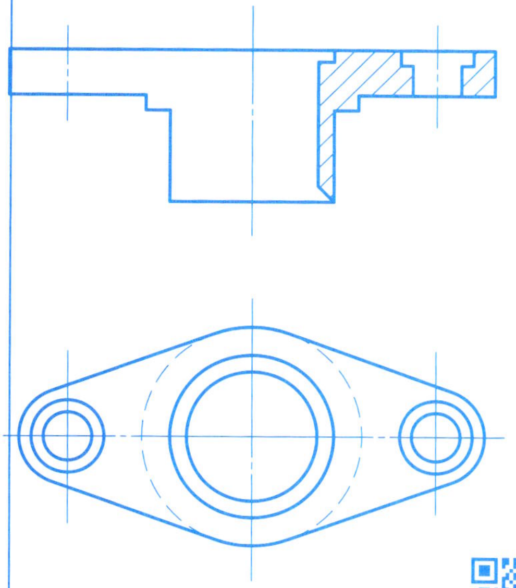

2.

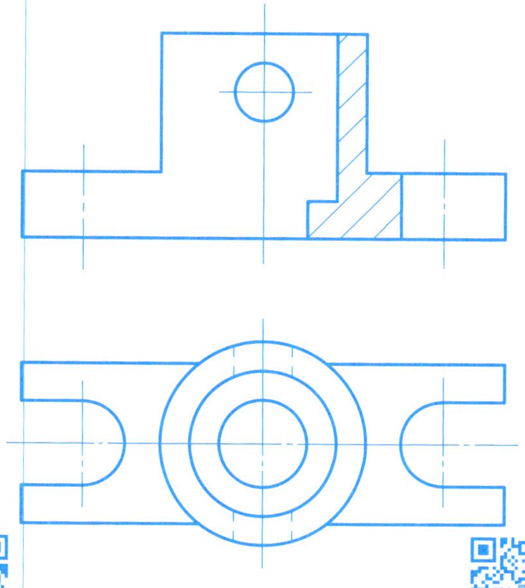

3.

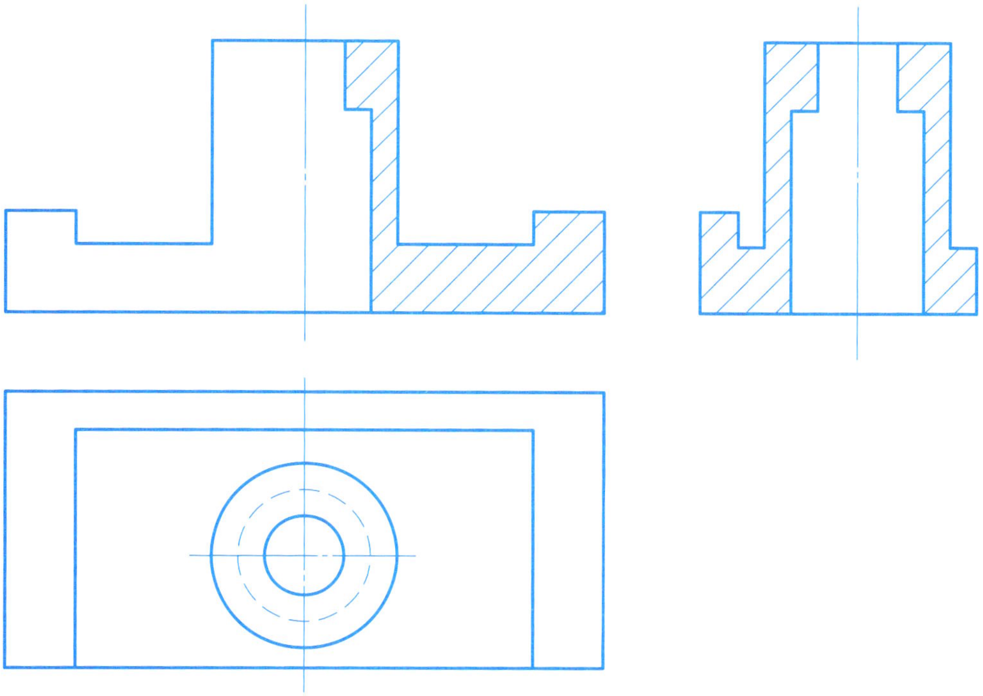

3-1-11　半剖视图练习(二)(将主视图改画成半剖视图)

1.

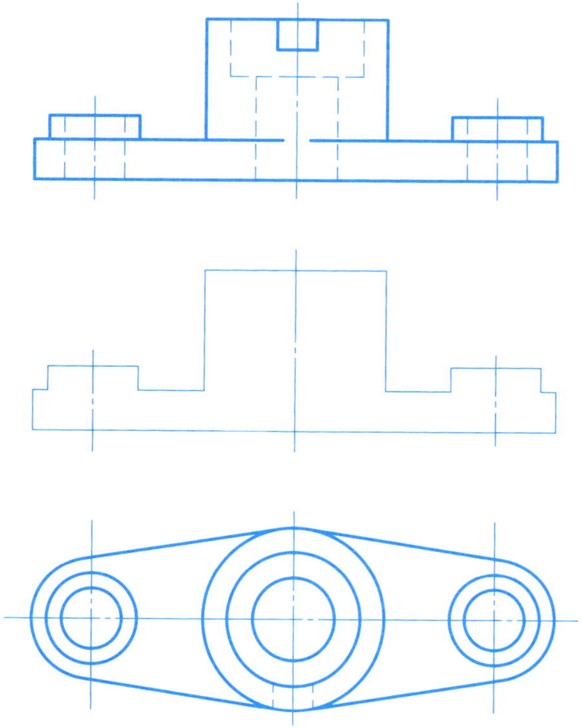

2.

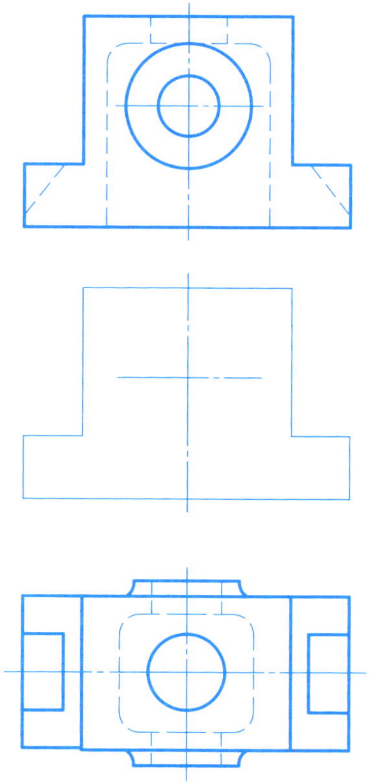

姓名　　班级　　学号

3-1-12 半剖视图练习(三)(在指定位置将主视图改画成半剖视图)

1.

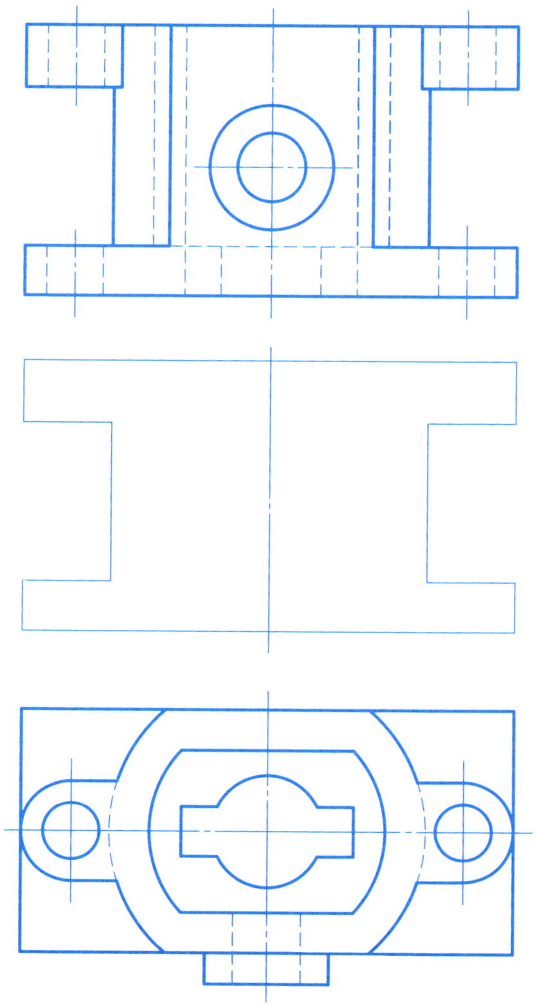

2.

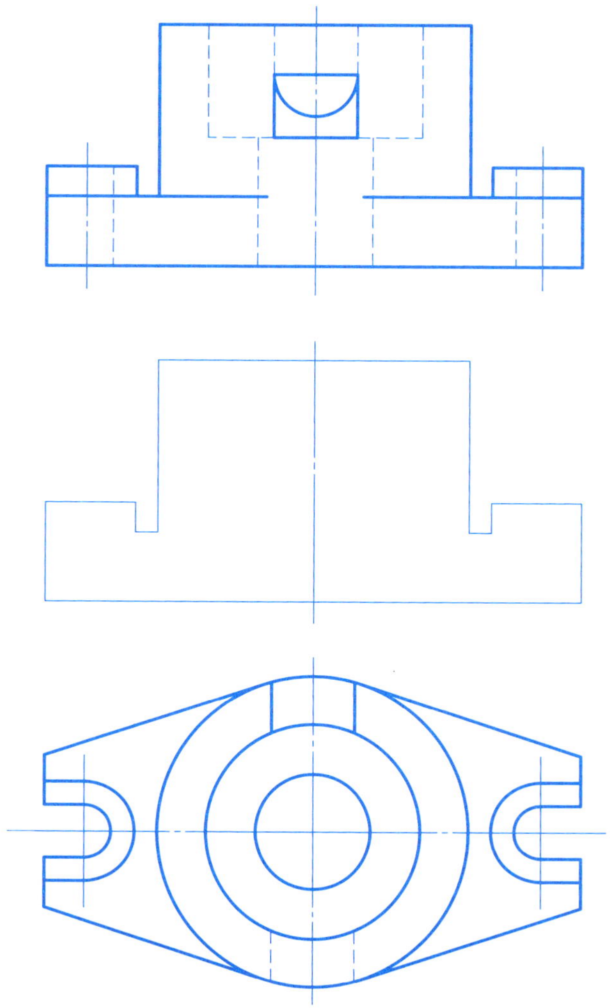

姓名　　班级　　学号

3-1-13 局部剖视图练习（一）（作适当的局部剖视图）

1.

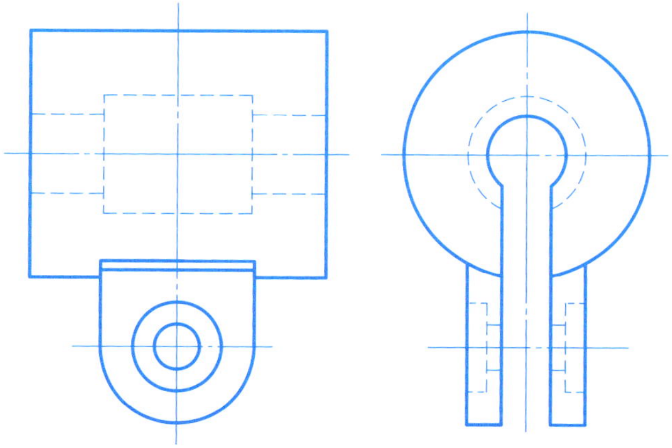

2.

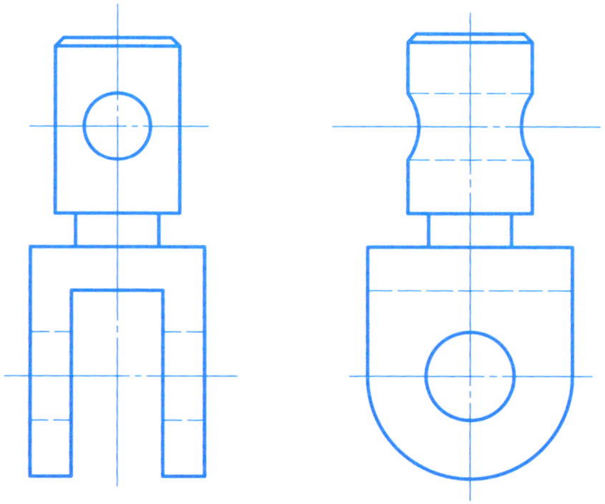

3.

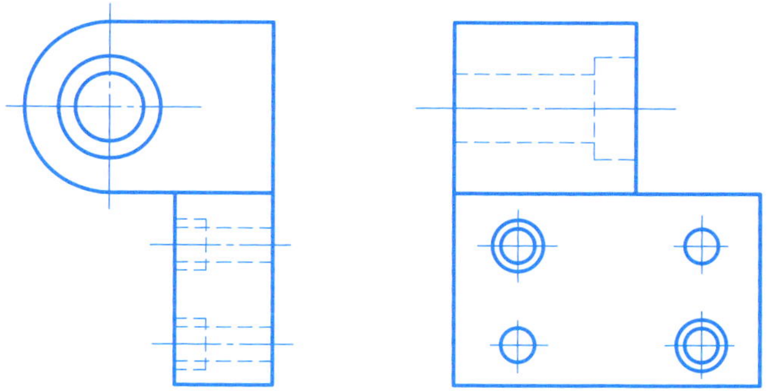

4.

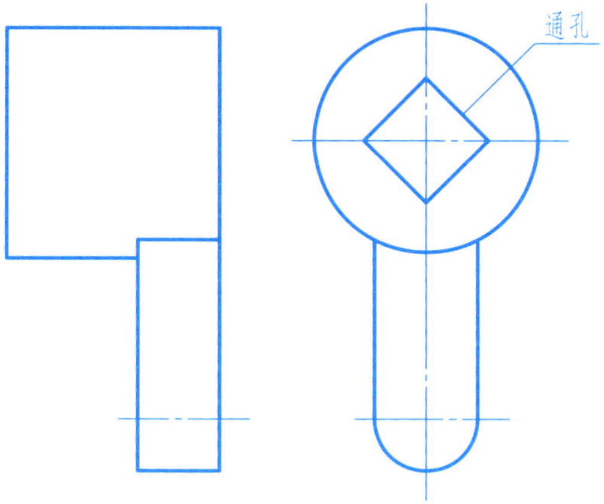

姓名　　　　班级　　　　学号

3-1-14　局部剖视图练习(二)(分析图中波浪线错误的画法，在指定位置画出正确的局部剖视图(剖切位置和范围不变))

1.

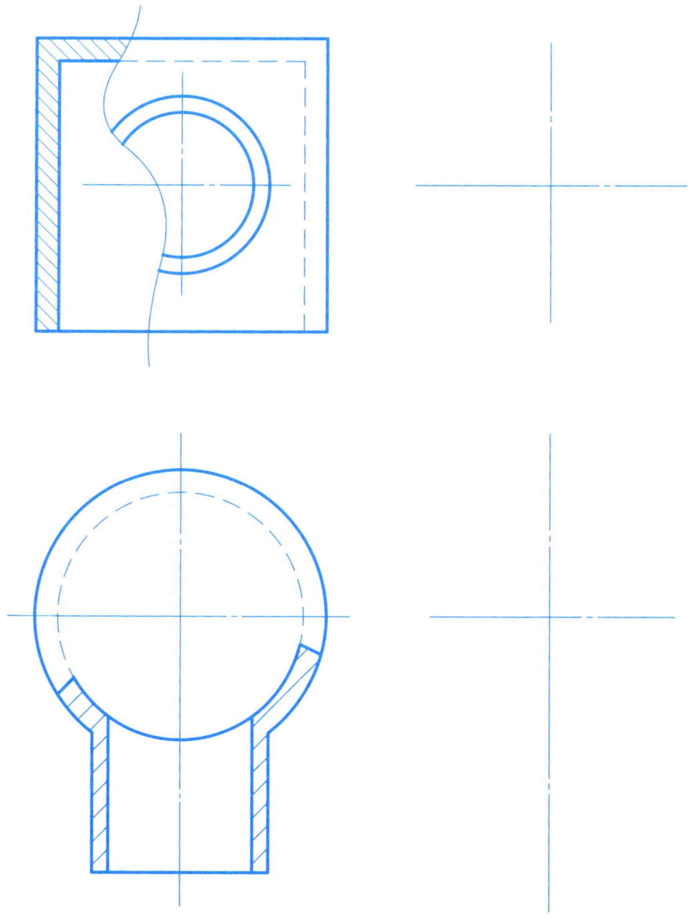

2.

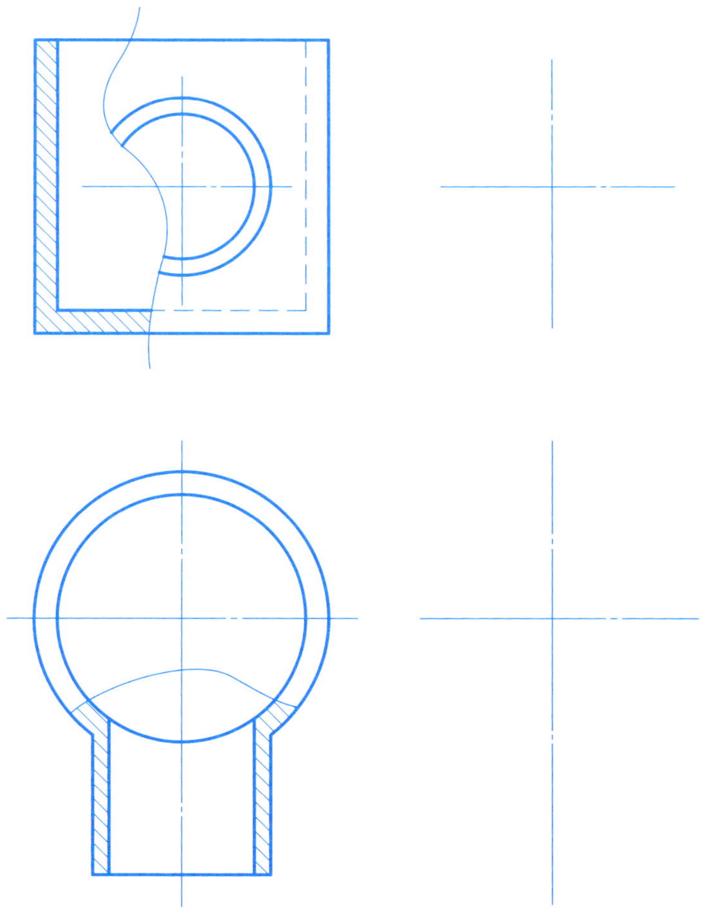

姓名　　　班级　　　学号

3-1-15 剖视综合练习(一)

在指定位置,将主视图画成半剖视图,左视图画成全剖视图,并标注尺寸(图中量取)。

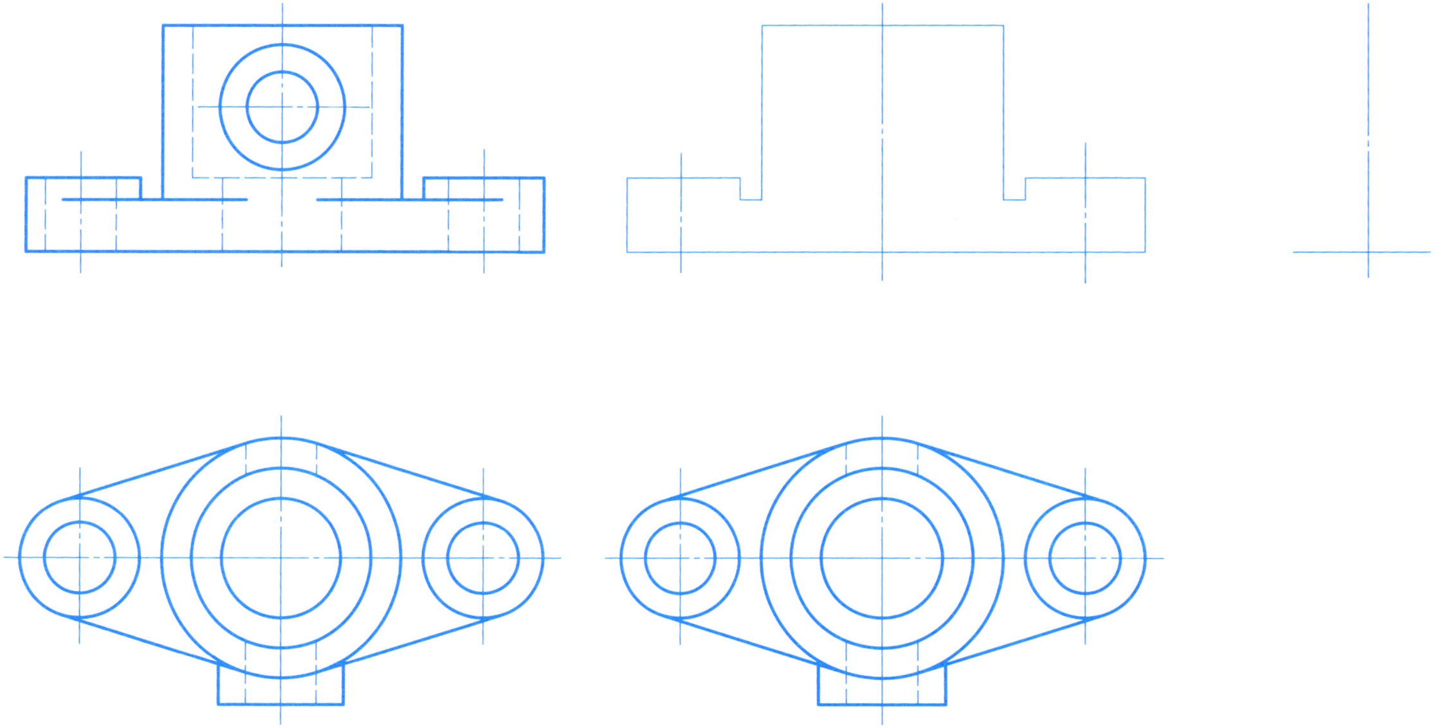

姓名　　　　班级　　　　学号

3-1-16 剖视综合练习(二)(将主视图画成适当剖视,左视图画成全剖视图)

1.

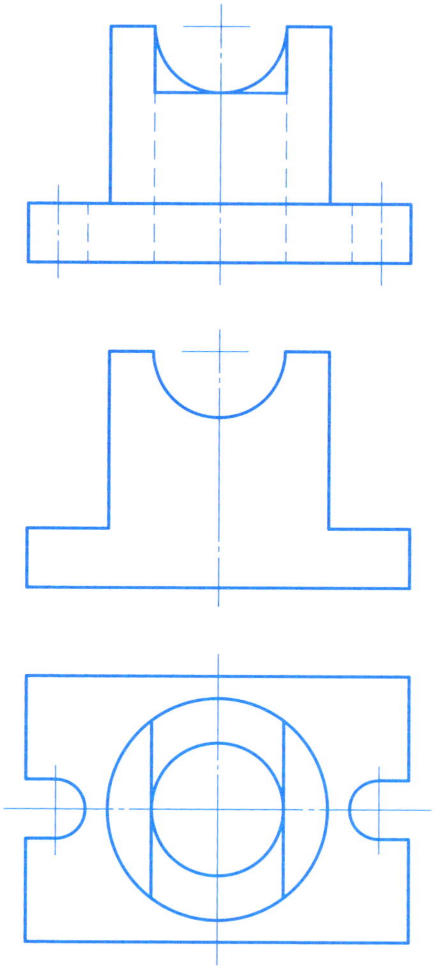

2.

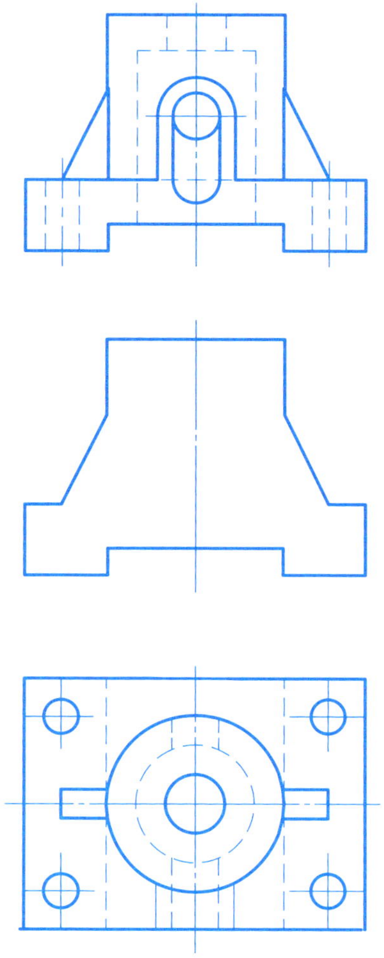

姓名 班级 学号

3-1-17　剖切平面选用练习(一)

用几个平行的剖切平面将主视图改画成全剖视图,并标注。

1.

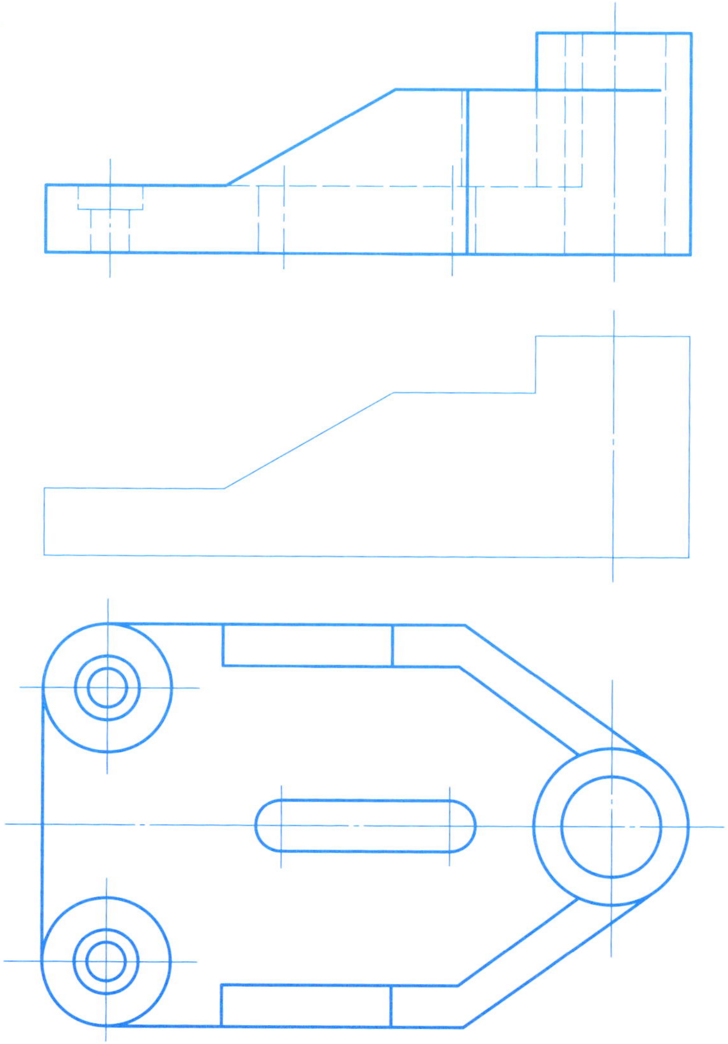

2.

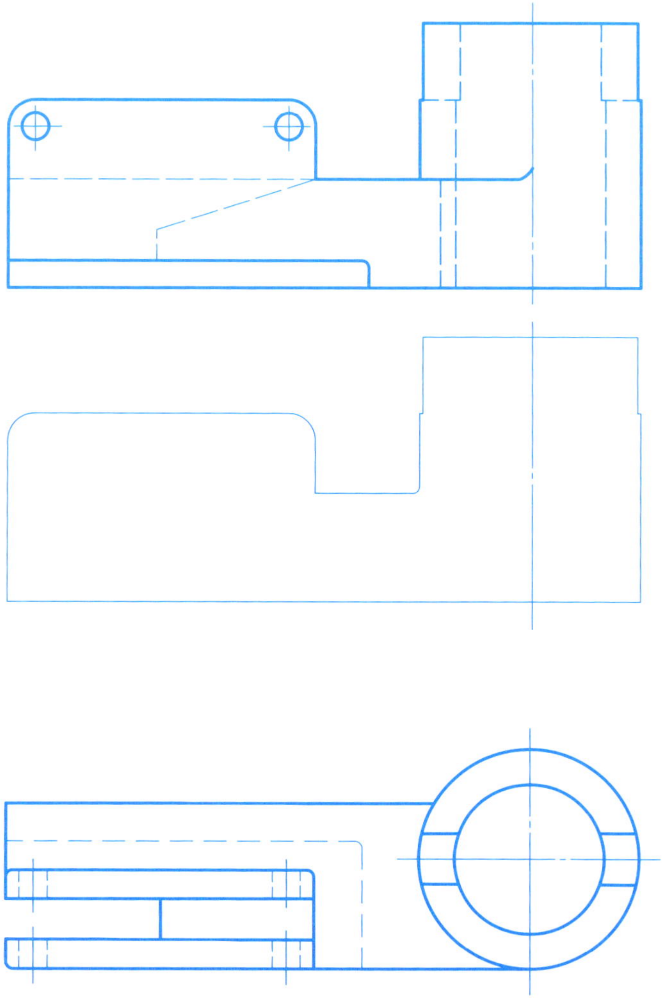

姓名　　　　班级　　　　学号

3-1-18　剖切平面选用练习(二)

用几个相交的剖切平面将主视图改画成全剖视图,并标注。

1.

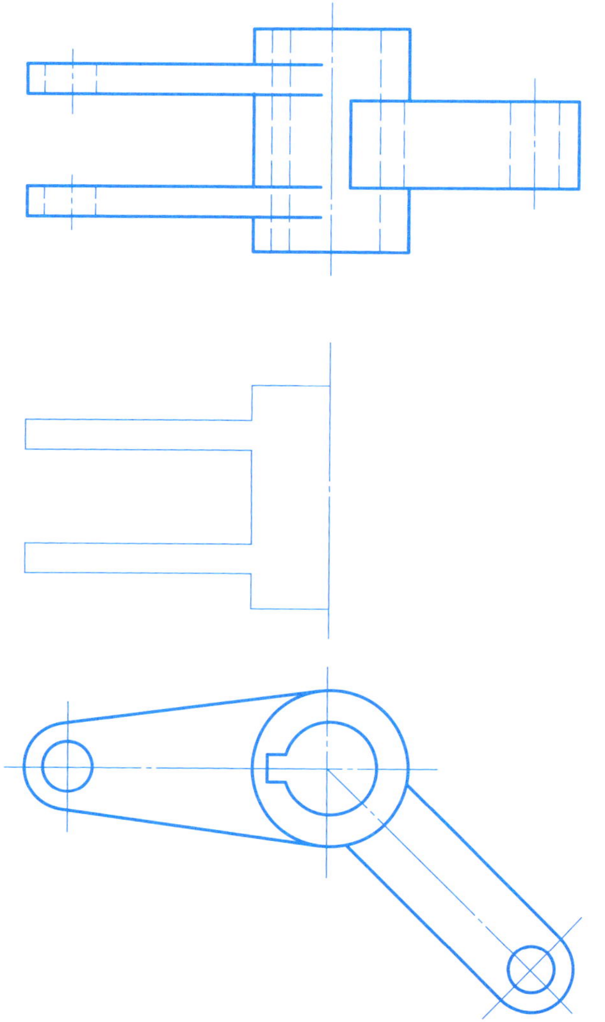

2.

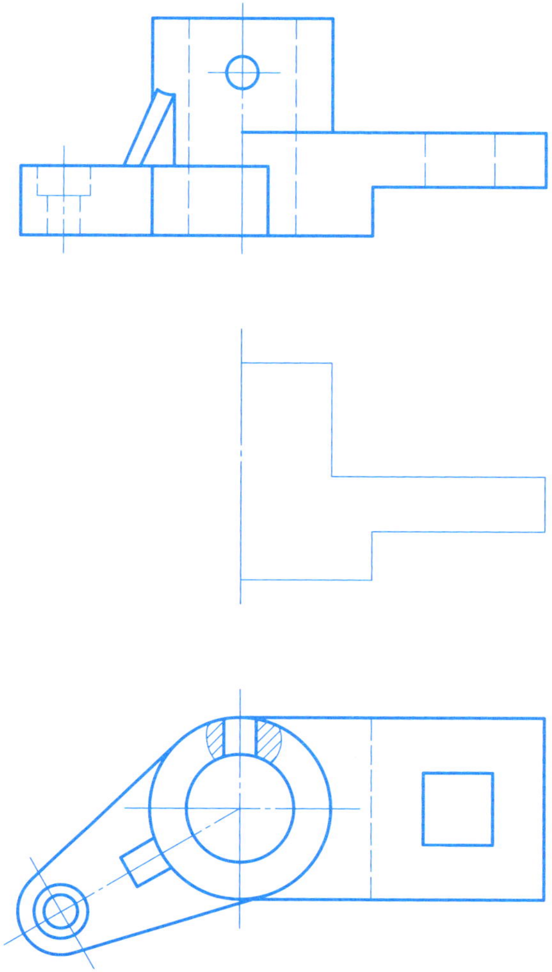

姓名　　班级　　学号

3-1-19　断面图练习(一)

在指定位置作移出断面图(左面键槽深 4 mm,右面键槽深 3 mm)。

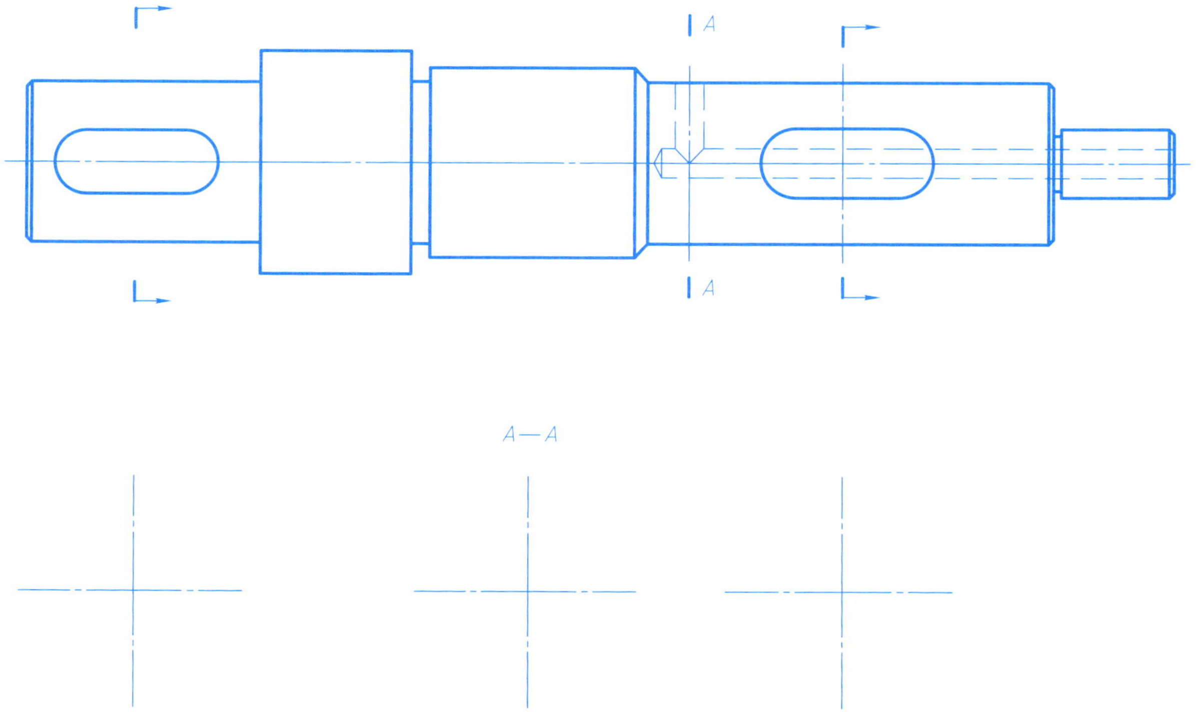

姓名　　　　班级　　　　学号

3-1-20 断面图练习(二)

在正确的断面图下打“√”。

1.

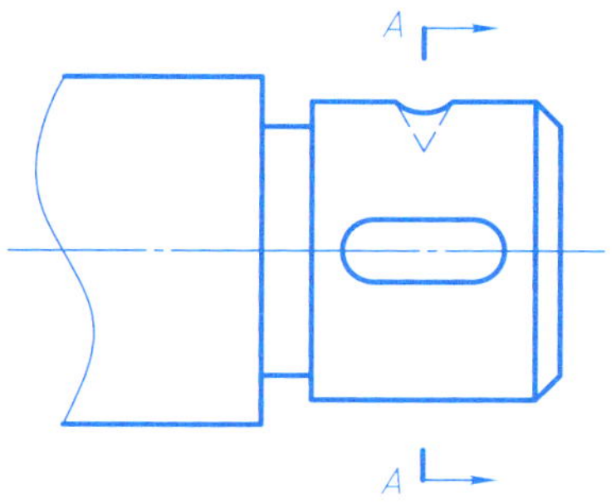

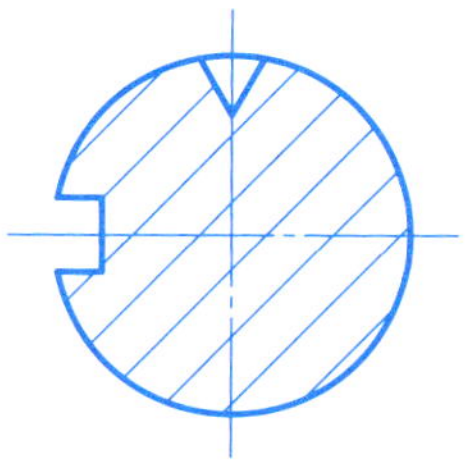

( )

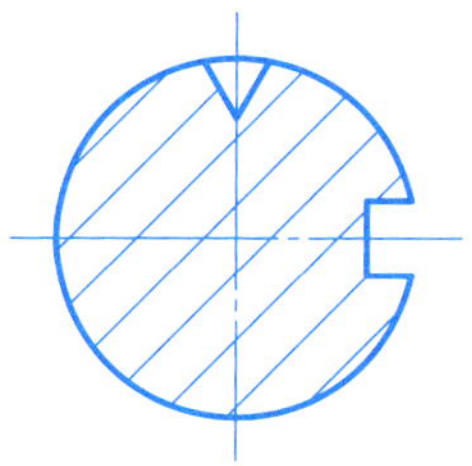

( )

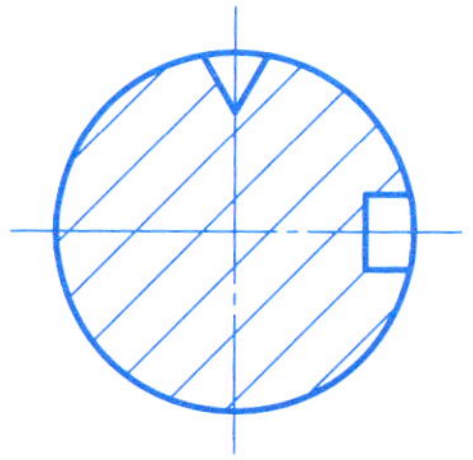

( )

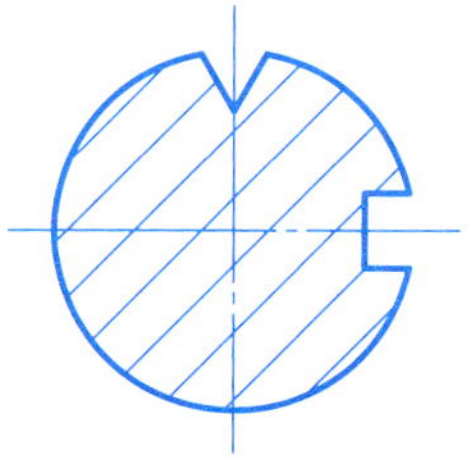

( )

2.

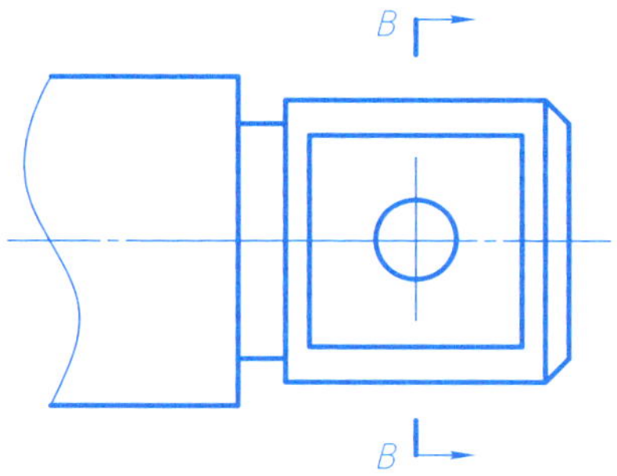

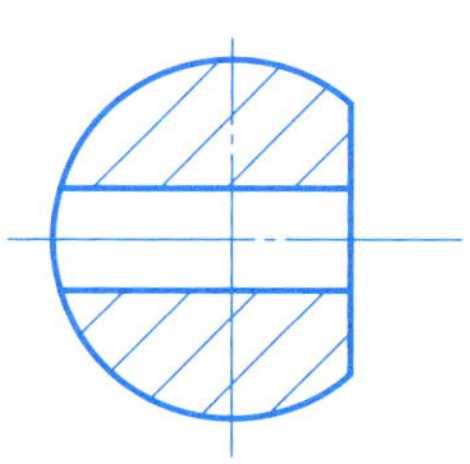

( )

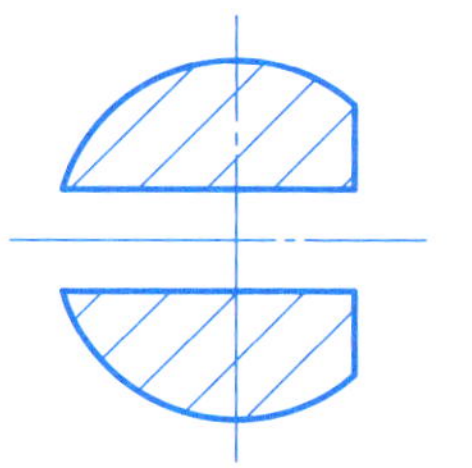

( )

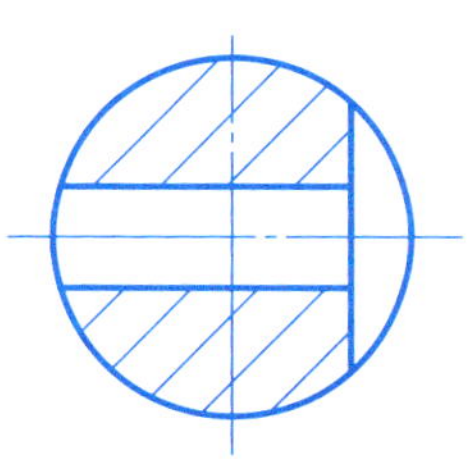

( )

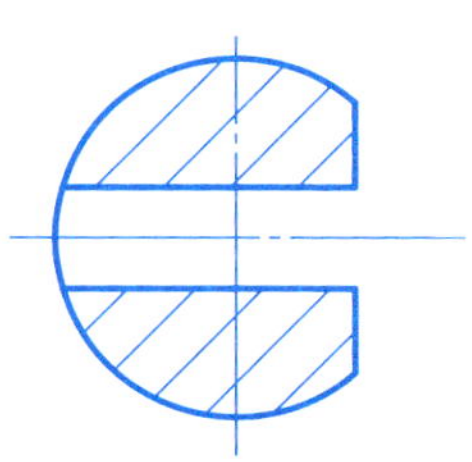

( )

姓名　　班级　　学号

3-1-21 表达方法的综合应用练习

已知下列零件的轴测图，选择正确的表达方法，在 A3 图纸上以 1∶1 的比例绘制零件图并标注尺寸。

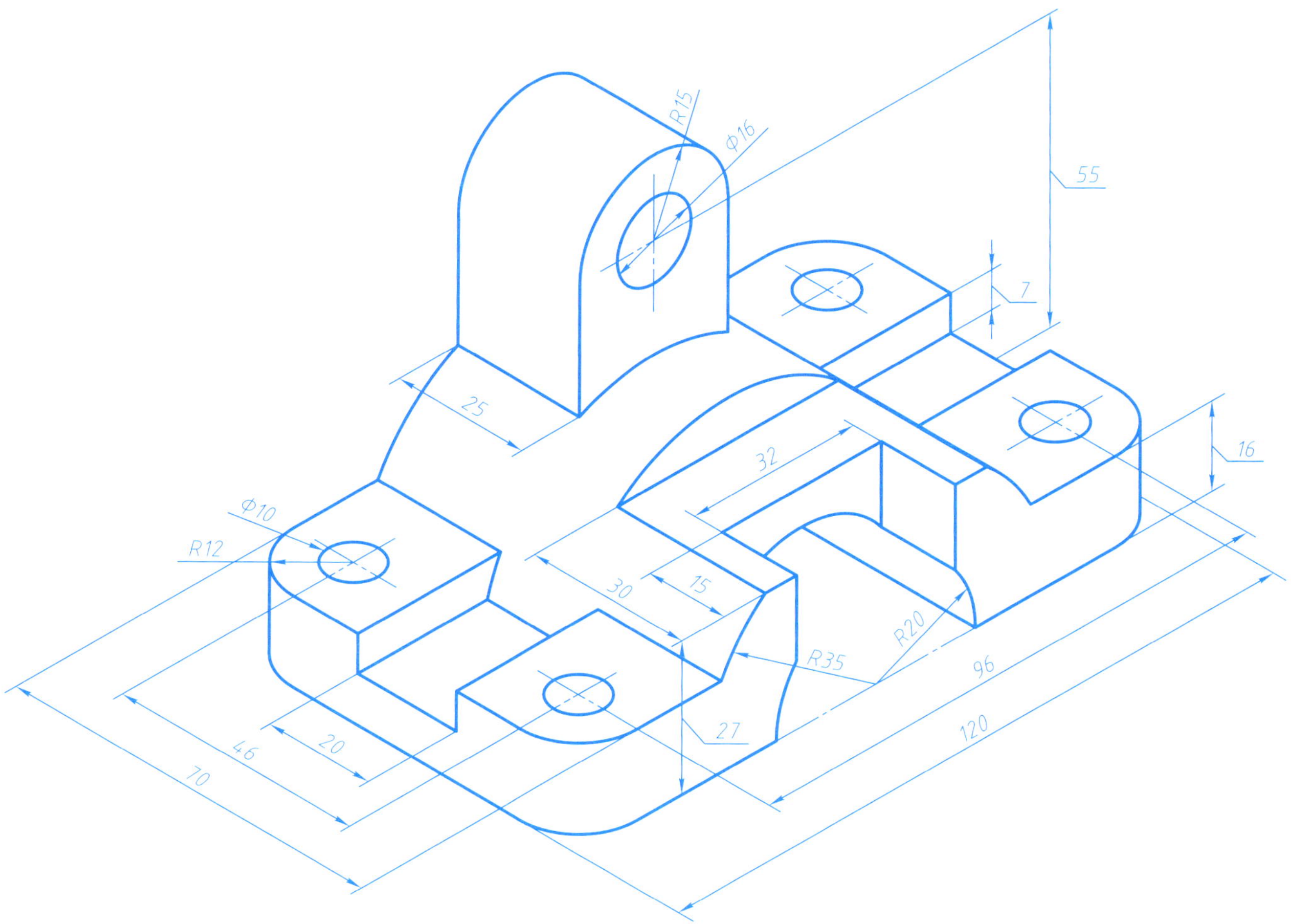

姓名　　　　班级　　　　学号

项目二　托架零件图的绘制与识读

3-2-1　支架零件图的识读

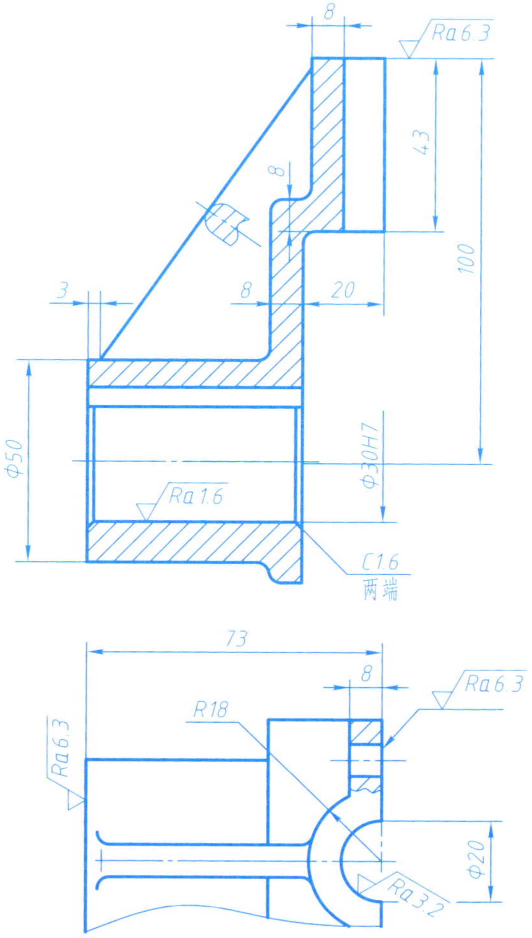

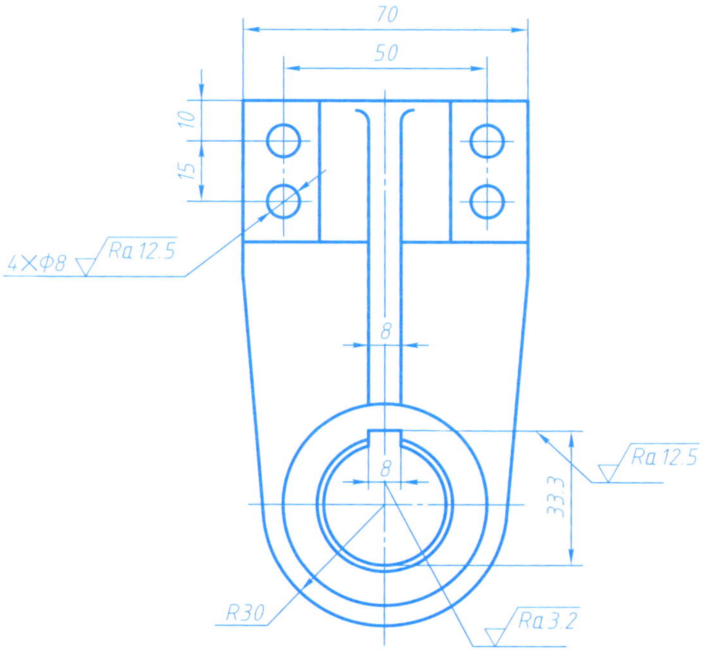

技术要求

1. 未注铸造圆角为R3～R5。
2. 铸件需经时效处理。

$\sqrt{}$ ($\checkmark$)

制图	(姓名)	(日期)	支架	比例	1:2
审核				(图号)	
(校名　　学号)			HT200		

姓名　　　　班级　　　　学号

3-2-2 支架零件图的识读(续)

回答下列问题(零件图见上页):

(1) 支架的形状共用________个视图表达。

(2) 主视图是________剖切________视图，表达了零件的________，其上的重合断面图表达了肋板的________。

(3) 支架长度方向的尺寸基准是________，宽度方向的尺寸基准是________，高度方向的尺寸基准是________。

(4) $\phi30H7$ 的上极限尺寸是________，下极限尺寸是________，上极限偏差________，下极限偏差________，公差________。

(5) 支架的总长________，总宽________，总高________。

(6) 利用表格查出 $\phi30H7$ 孔内键宽的上、下偏差分别是________和________，公差是________，确定键槽深度的尺寸 33.3 的上、下偏差分别是________和________。

(7) 写出该零件上所用的粗糙度________________________________。

姓名　　　　班级　　　　学号

3-2-3 拨叉零件图的识读

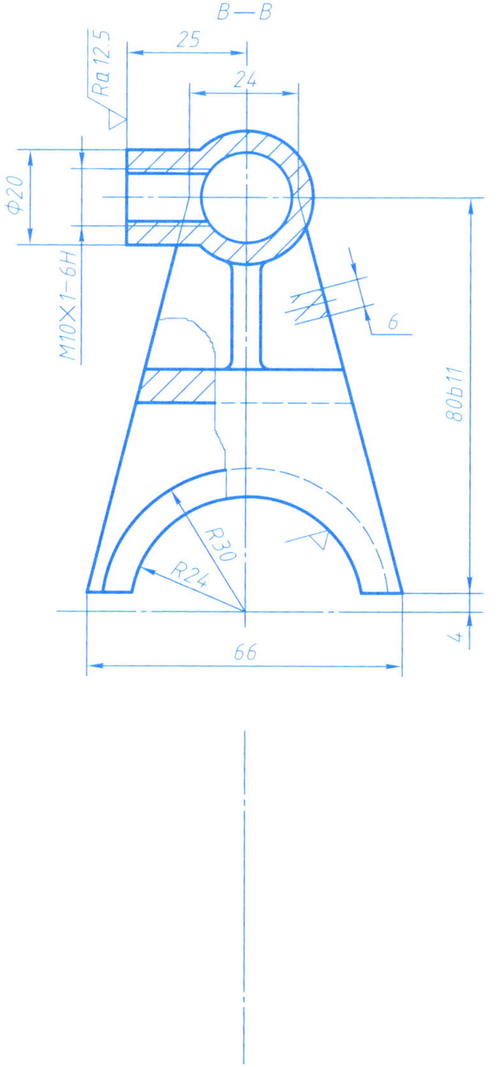

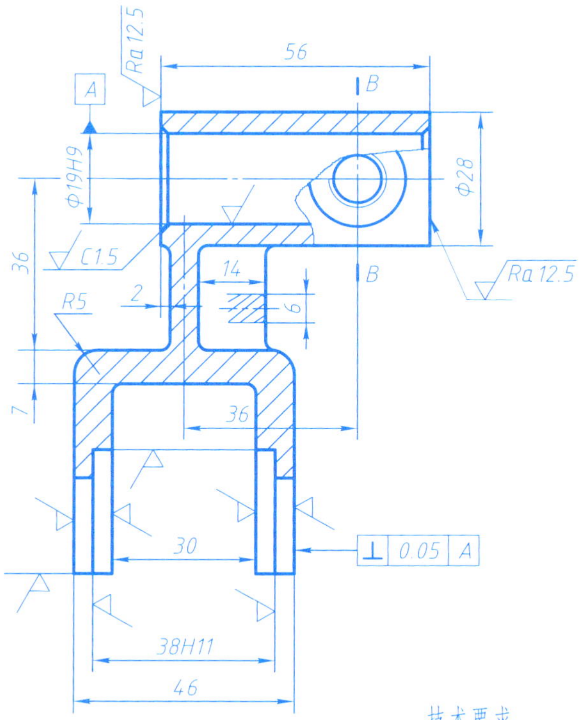

技术要求

1. 未注圆角R3~R5。
2. 铸件不得有气孔、砂眼等缺陷。
3. 铸件应退火处理。

√ = √Ra 6.3　　√(√)

制图	（姓名）	（日期）	拨叉	比例	1:1
审核				（图号）	
（校名　　学号）			HT200		

姓名　　　　班级　　　　学号

3-2-4 拨叉零件图的识读(续)

回答下列问题(零件图见上页):

(1) 主视图是________视图,表达了零件的________,左视图也是________视图,其上的重合断面图表达了肋板的________。

(2) 38H11 表示公称尺寸是________,公差带代号________,公差等级________,基本偏差代号是________,下极限偏差________。

(3) M10×1-6H 是________螺纹,螺距是________mm, 6H 是________的公差代号。

(4) 在指定位置画出俯视图(按形状量取,不画虚线)。

(5) 用基准符号标注长、宽、高三个方向的主要尺寸基准。

姓名　　　　班级　　　　学号

模块四　箱体类零件的图样绘制与识读

项目一　缸体零件图的绘制与识读

4-1-1　几何公差标注

1.

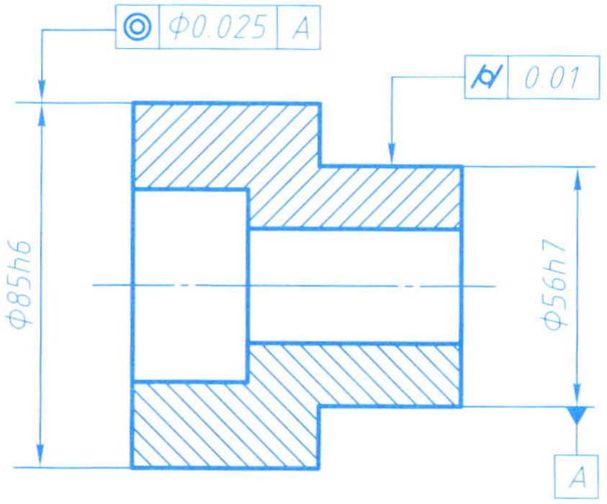

________轴线对________轴线的同轴度公差为________，________的圆柱面的圆柱度公差为________。

2.

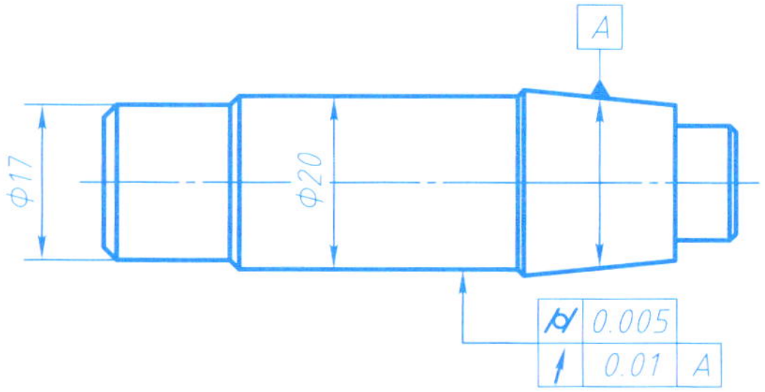

________的圆柱面的公差为________，________圆柱面对圆锥段的轴线的________公差为________。

3.

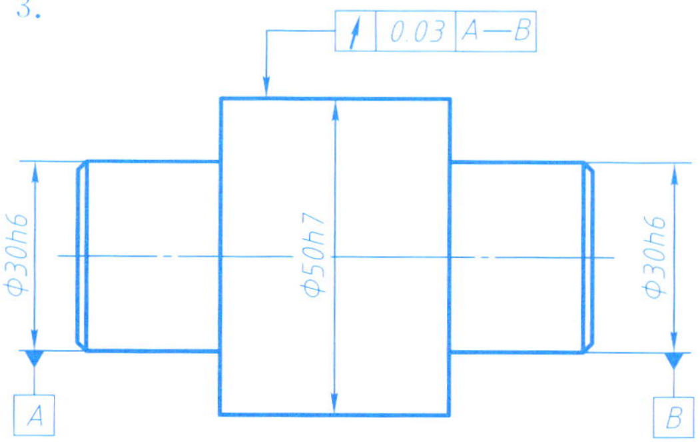

________圆柱面对两个________公共轴线的________公差为________。

4.

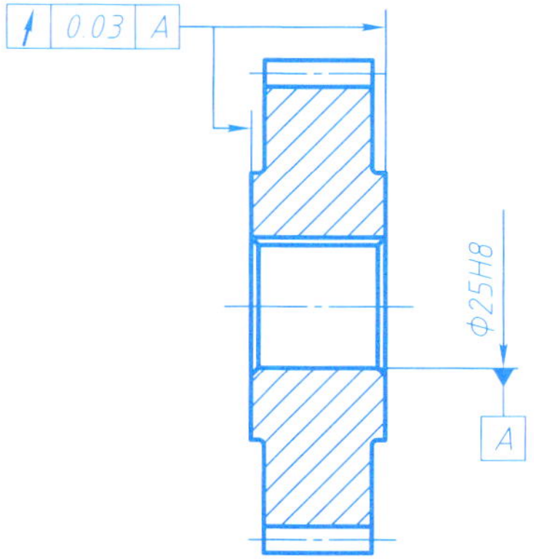

齿轮轮毂的两________面对________的轴线的________公差为________。

5.

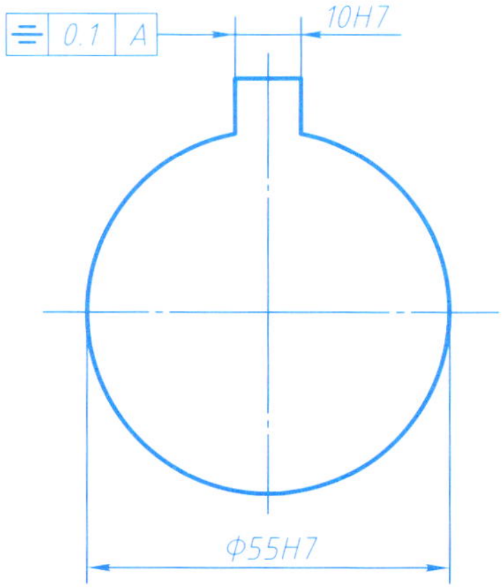

键槽的________对________的轴线的________公差为________。

姓名　　　　班级　　　　学号

4-1-2 泵体零件图的识读

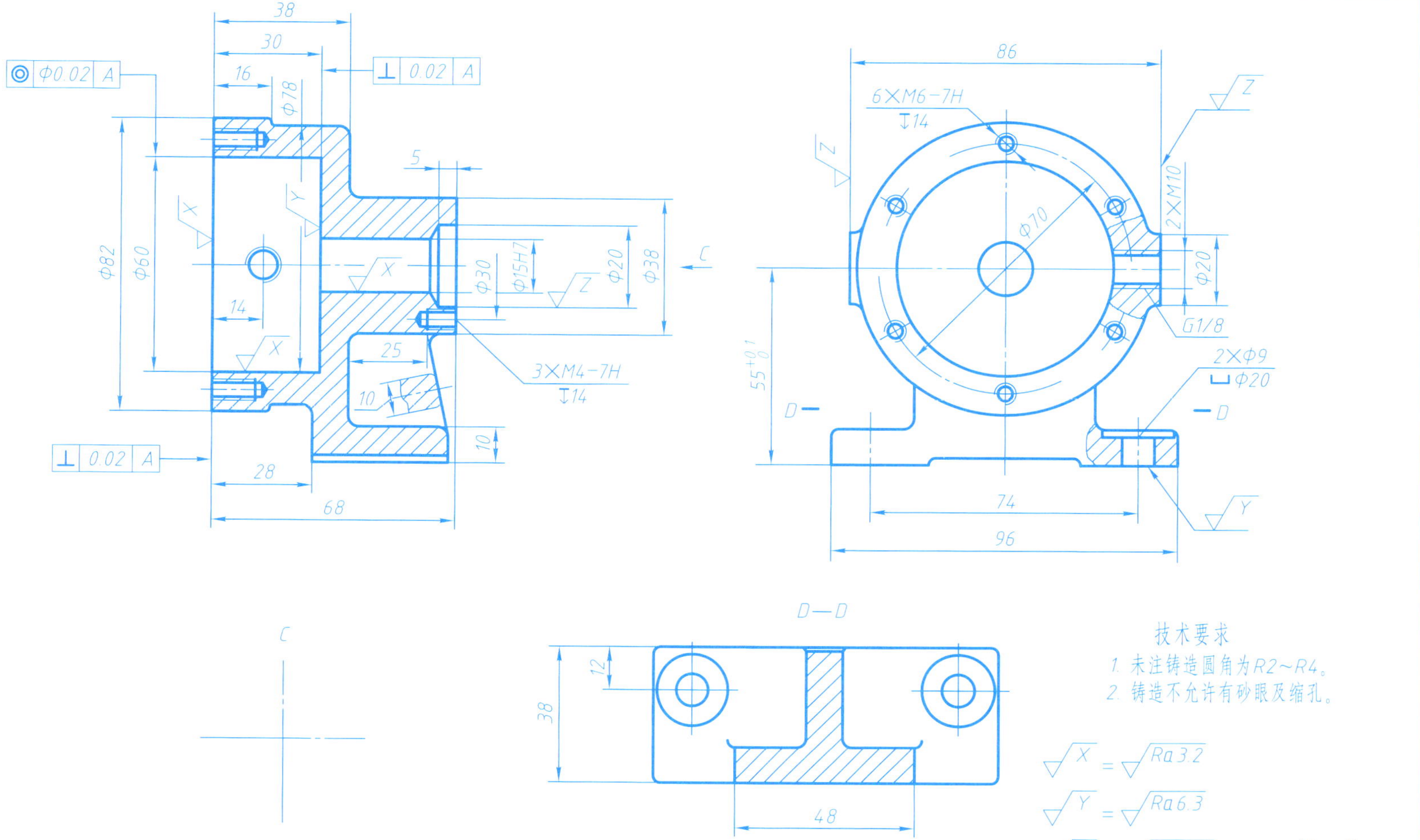

技术要求

1. 未注铸造圆角为R2~R4。
2. 铸造不允许有砂眼及缩孔。

$\sqrt{X} = \sqrt{Ra\,3.2}$

$\sqrt{Y} = \sqrt{Ra\,6.3}$

$\sqrt{Z} = \sqrt{Ra\,12.5}$

$\sqrt{}$ ($\sqrt{}$)

制图	（姓名）	（日期）	泵体	比例	1∶2
审核				（图号）	
（校名　学号）			HT200		

姓名　　班级　　学号

4-1-3　泵体零件图的识读(续)

回答下列问题(零件图见上页):

(1) $D—D$ 是________剖视图。

(2) 尺寸 $\phi60H7$ 中,$\phi60$ 表示________尺寸,H 是________,7 表示________,上极限偏差为________,下极限偏差为________,公差为________。

(3) G1/8 表示____。

(4) | ⊥ | 0.02 | A | 中,⊥ 表示________,0.02 表示________,A 表示________。

(5) 按照原图比例完成 C 向视图(虚线省略)。

姓名　　　　班级　　　　学号

4-2-1　底座一零件图的识读

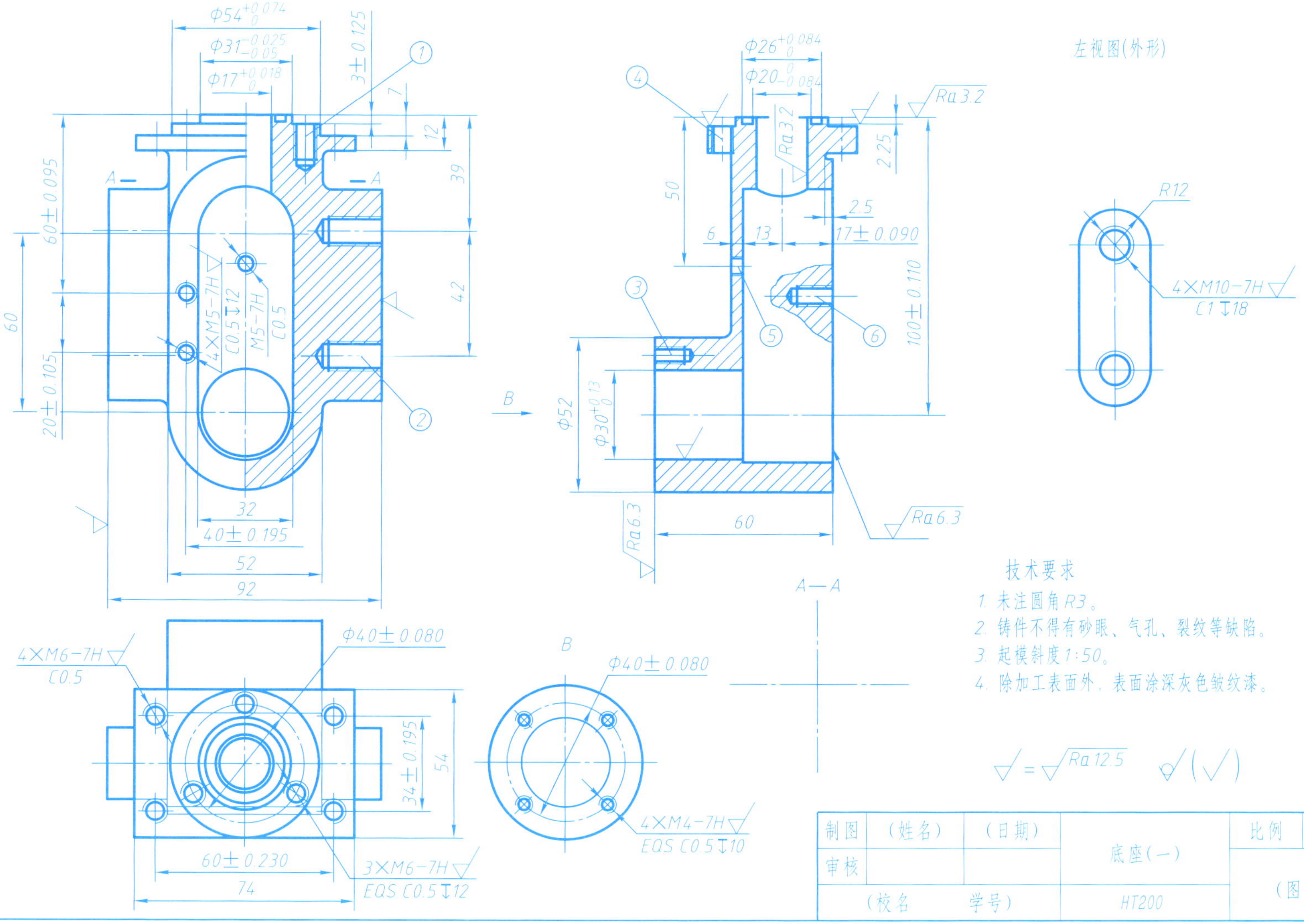

技术要求

1. 未注圆角R3。
2. 铸件不得有砂眼、气孔、裂纹等缺陷。
3. 起模斜度1:50。
4. 除加工表面外，表面涂深灰色皱纹漆。

制图	(姓名)	(日期)	底座(一)	比例	1:1
审核				(图号)	
(校名	学号)		HT200		

姓名　　　　班级　　　　学号

4-2-2 底座—零件图的识读(续)

回答下列问题并完成作业题(零件图见上页):

(1) 主视图是________剖视图,左视图是________剖视图。

(2) ①~⑥处的螺纹数量分别是____________________,公称直径分别是____________________。

(3) 指出长、宽、高方向的主要尺寸基准____________________________________。

(4) 在读懂零件图的基础上,请补全左视图(仅作出可见部分),并完成 A—A 断面图。

姓名　　　　班级　　　　学号

4-2-3 底座二零件图的识读

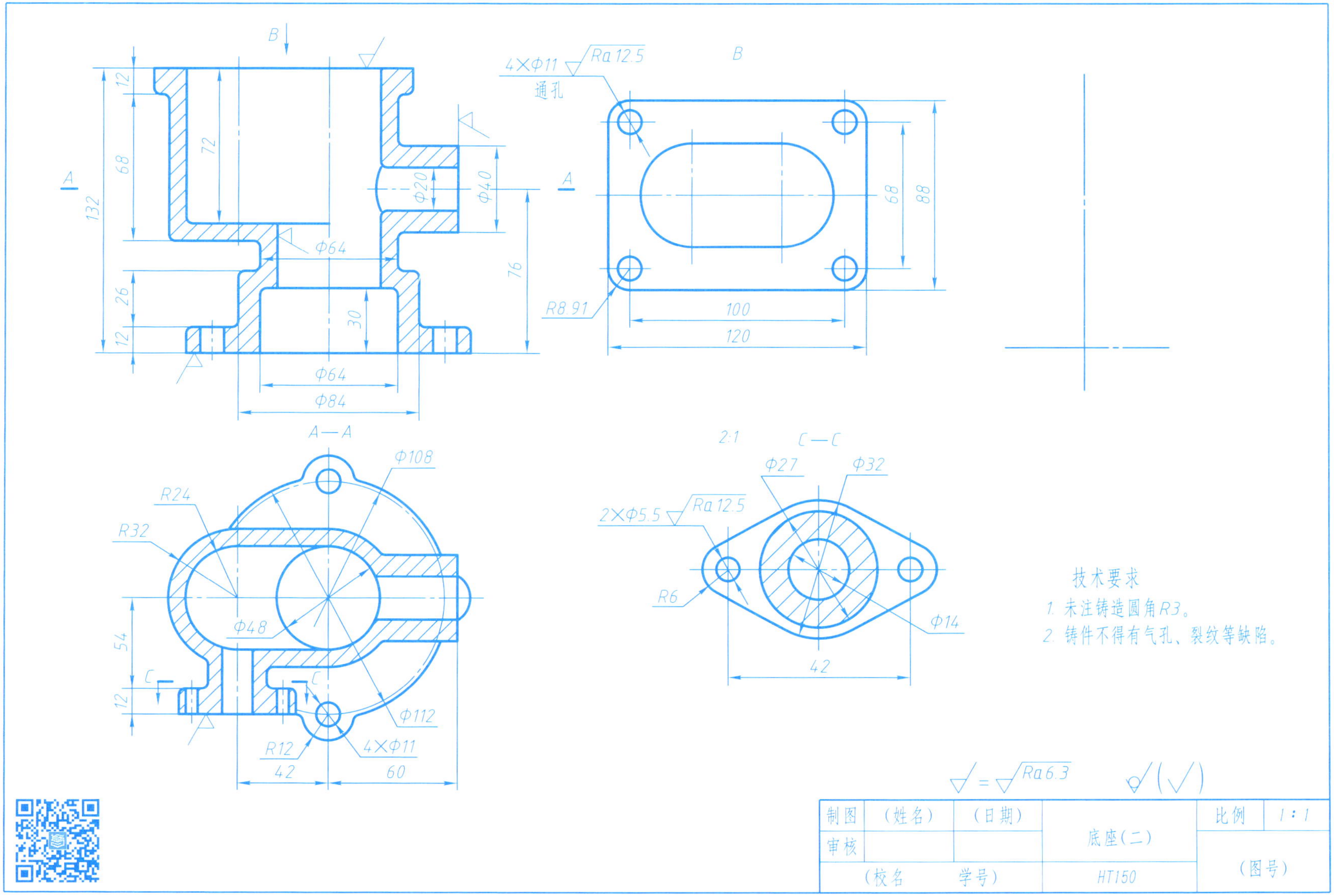

姓名 班级 学号

4-2-4 底座二零件图的识读(续)

完成下列作业题(零件图见上页):

(1) 在指定位置画出左视图。

(2) 用符号标出长、宽、高三个方向的主要尺寸基准,并补全图中所缺的定位尺寸。

(3) 指出该零件的表面粗糙度有几种要求,Ra 值分别是多少。

(4) 零件图共用几个图形,分别是什么,试述其表达方法。

姓名　　　　班级　　　　学号

4-2-5　箱体零件图的识读

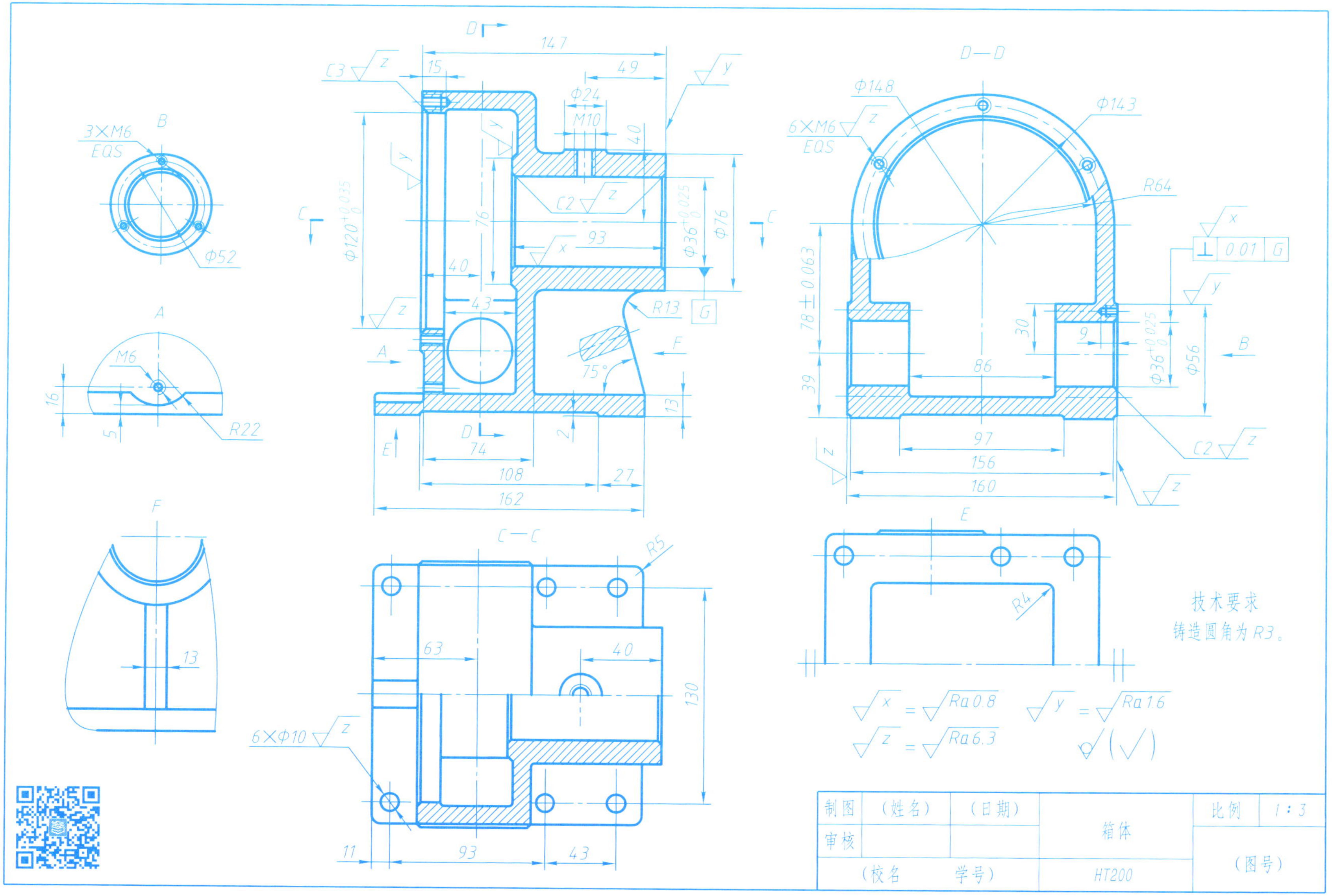

姓名　　　班级　　　学号

4-2-6 箱体零件图的识读(续)

回答下列问题并完成作业题(零件图见上页):

(1) 分析尺寸基准:长度方向的主要基准是__________,宽度方向的主要基准是__________,高度方向的主要基准是__________。

(2) 分析定位尺寸:长度方向的定位尺寸有__________,宽度方向的定位尺寸有__________,高度方向的定位尺寸有__________。

(3) 零件表面粗糙度要求最高的代号是______,表面粗糙度要求最低的代号是______。

(4) 有公差要求的孔有______个,其公差代号(查表)分别为__________,可判断它们是______孔。

(5) | ⊥ | 0.01 | *G* | 的含义是什么?

(6) 在本页空白处补画出主视图的外形图。

姓名　　　　班级　　　　学号

模块五　装配体的测绘与识读

项目一　齿轮泵的测绘与识读

5-1-1　齿轮啮合的画法

已知一对平板直齿圆柱齿轮啮合，模数 $m=2$，小齿轮的齿数 $z_2=36$，试计算两齿轮的主要尺寸，用 1∶2 的比例完成其啮合图。

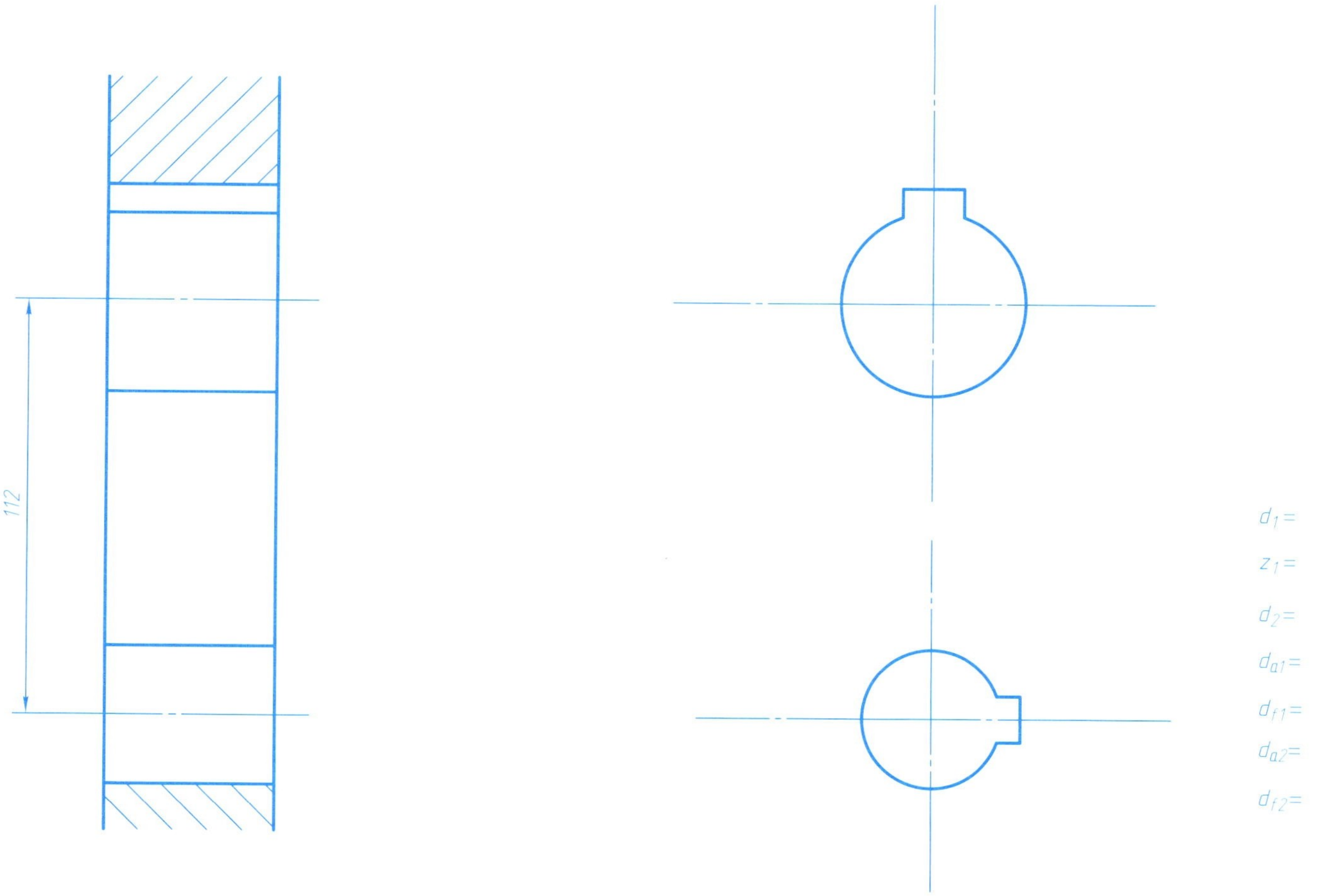

姓名　　　　　班级　　　　　学号

5-1-2 螺纹紧固件连接画法(用比例画法作螺栓和螺钉连接的三视图。其中主视图为全剖,俯视图为外形图)

1. 已知螺栓 M16(GB/T 5782—2016),被连接件厚度 δ_1 = 20 mm, δ_2 = 20 mm,选用合适比例,完成下列视图。

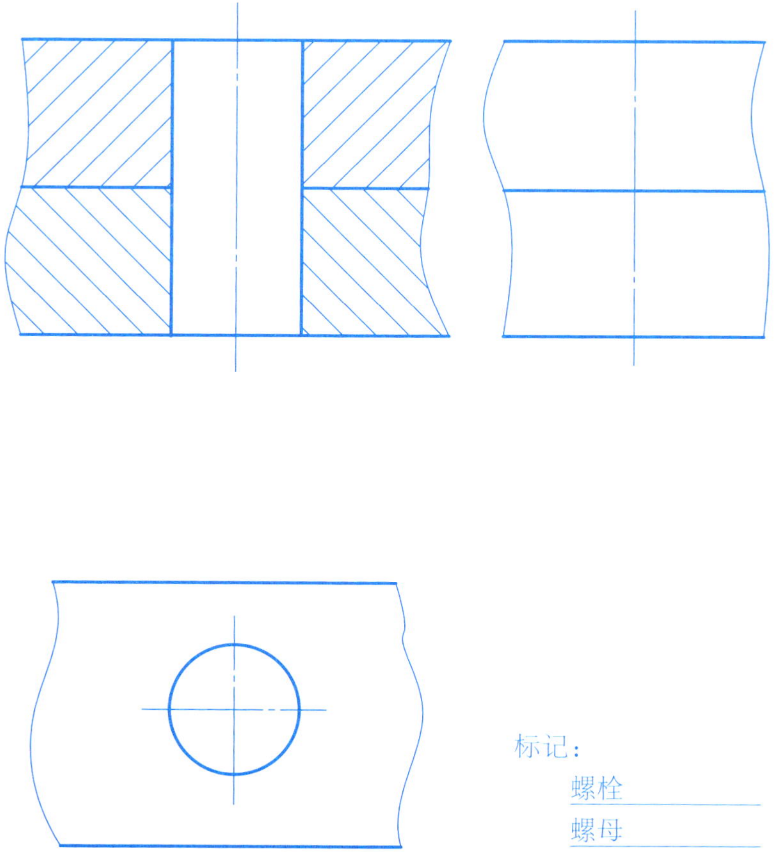

标记:

螺栓 ____________

螺母 ____________

垫圈 ____________

2. 已知开槽沉头螺钉 M10×25(GB/T 68—2016),被连接件厚度 δ = 20 mm,选用合适比例,完成下列视图。

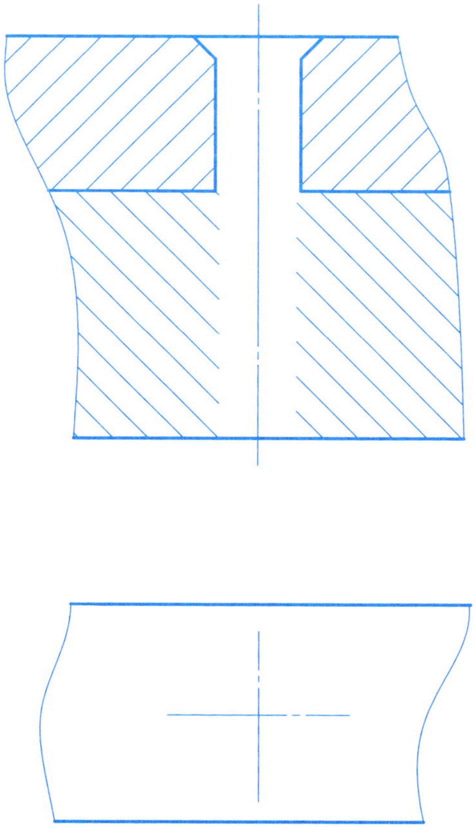

姓名　　　　班级　　　　学号

已知齿轮和轴,用 A 型普通平键连接,轴孔直径为 22 mm,键的长度为 28 mm,①写出键的规定标记;②查表确定键和键槽的尺寸,用 1∶1 比例画全下列各视图的断面图,并标注键槽的尺寸。键的规定标记________。

(1) 轴

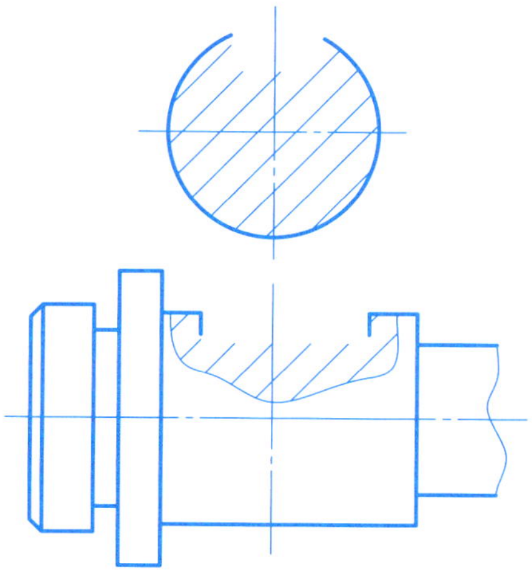

(2) 齿轮

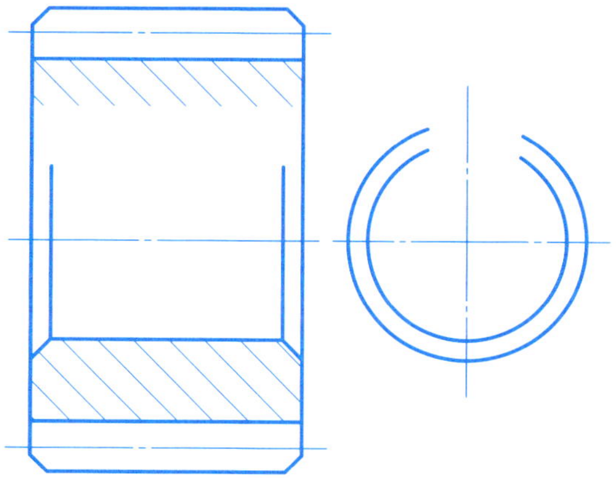

(3) 齿轮与轴的键连接

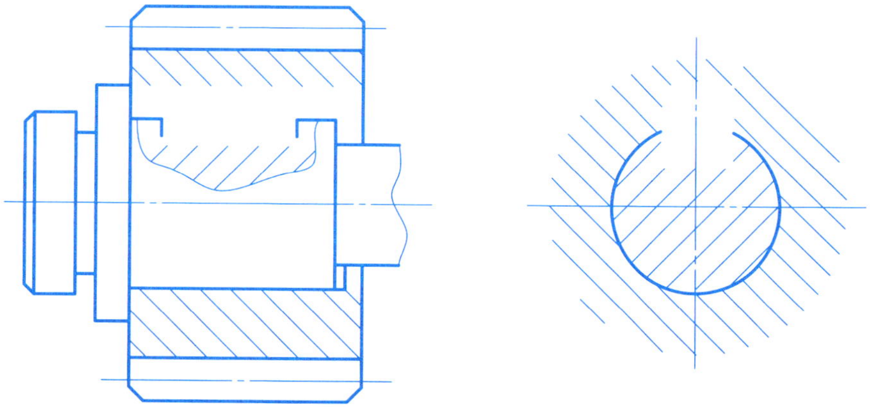

姓名　　　　班级　　　　学号

5-1-4　键连接与销连接画法（二）

1. 选出适当长度的 $\phi5$ 圆锥销，画出销连接的装配图，并写出销的规定标记。

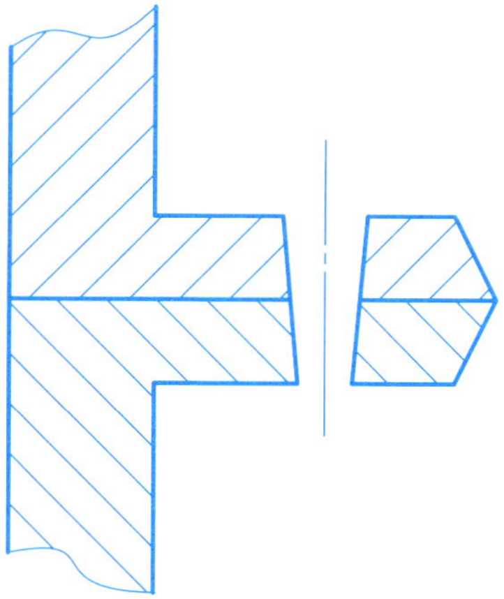

规定标记为________。

2. 选出适当长度的 $\phi6$ 圆柱销，画出销连接的装配图，并写出销的规定标记。

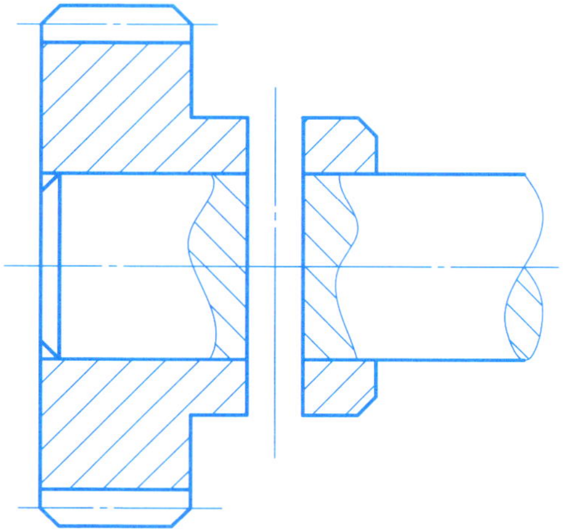

规定标记为________。

姓名　　　　班级　　　　学号

5-1-5 由零件图拼画成装配图练习(一)

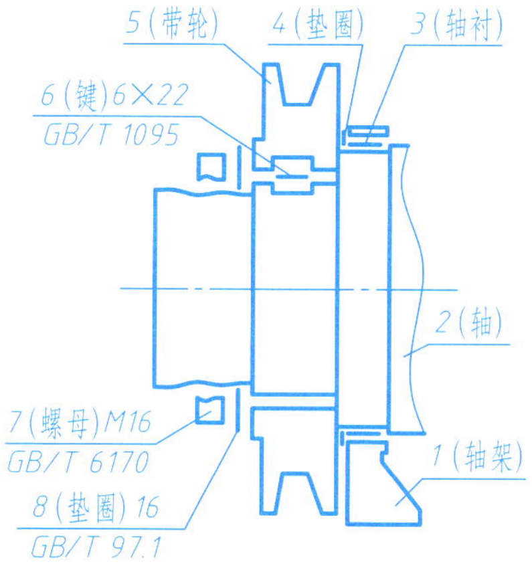

说明

轴2配以轴衬3后与轴架1装配，带轮5用键6连接于轴上，带轮的两侧衬以垫圈4和垫圈8，并用螺母7紧固。

技术要求

1. 装配后，要求转动灵活。
2. 使用时，在件1与件2、件5的接触面上滴机油。

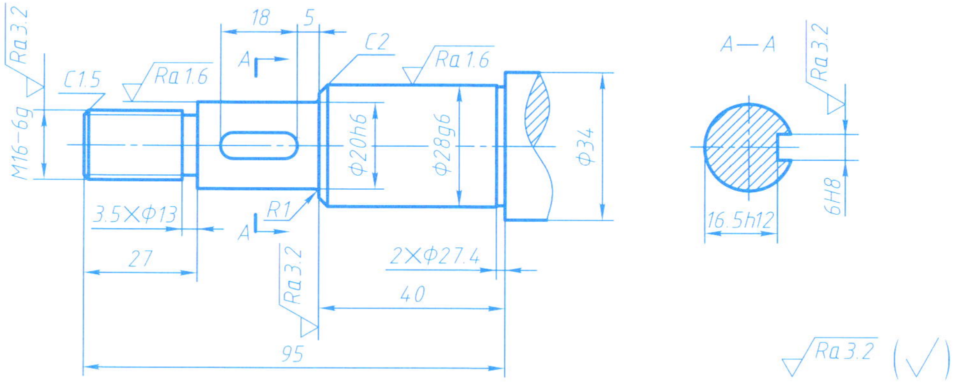

件号	名称	数量	材料	比例
2	轴	1	30	1∶1

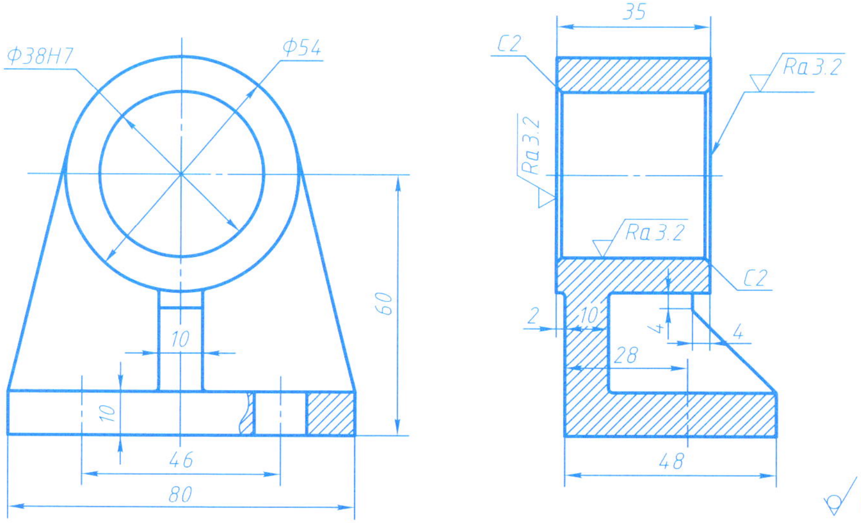

件号	名称	数量	材料	比例
1	轴架	1	HT150	

姓名　　　　班级　　　　学号

5-1-6 由零件图拼画成装配图练习(二)

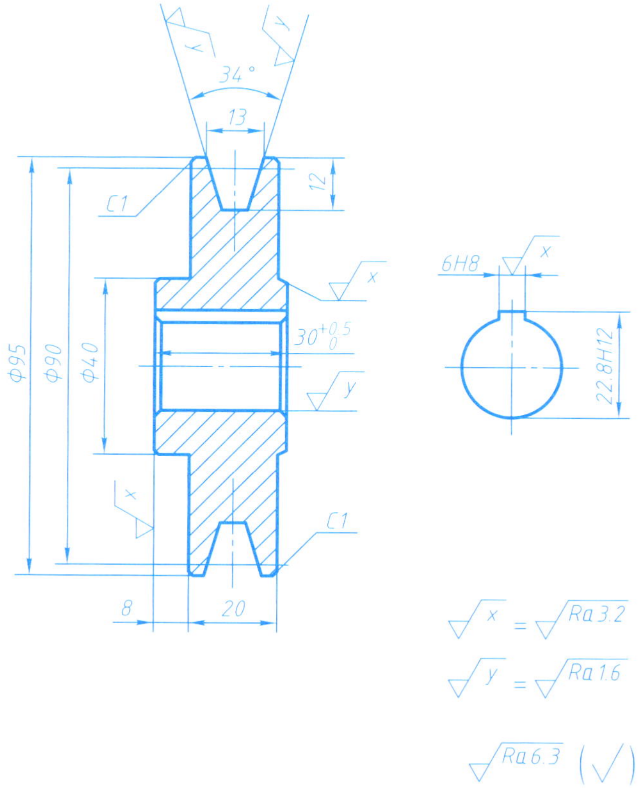

5	带轮	1	HT50	1 : 1
件号	名称	数量	材料	比例

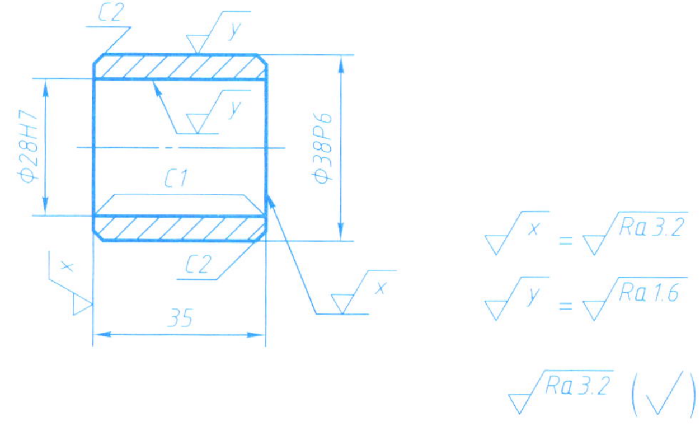

3	轴衬	2	青铜	1 : 1
件号	名称	数量	材料	比例

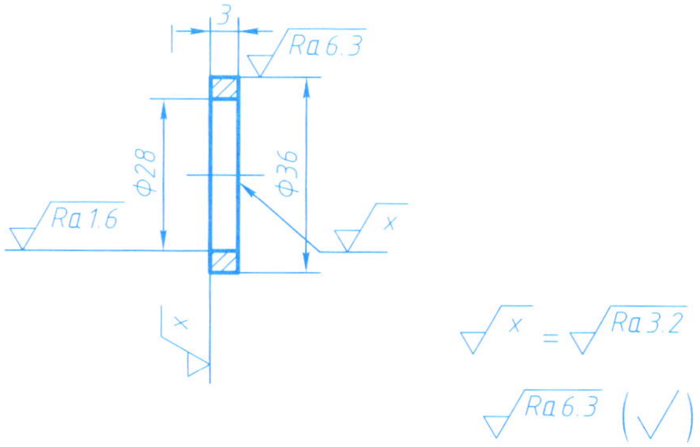

4	垫圈	1	Q235	1 : 1
件号	名称	数量	材料	比例

姓名　　班级　　学号

项目二　机械装配图样的识读

5-2-1　滚动轴承画法

1. 试用简化画法画出深沟球轴承 6206(GB/T 276—2013),左端面紧靠轴肩。

2. 试用简化画法画出圆锥滚子轴承 30206(GB/T 297—2015),左端面紧靠轴肩。

姓名　　　　班级　　　　学号

5-2-2 阀门装配图的识读

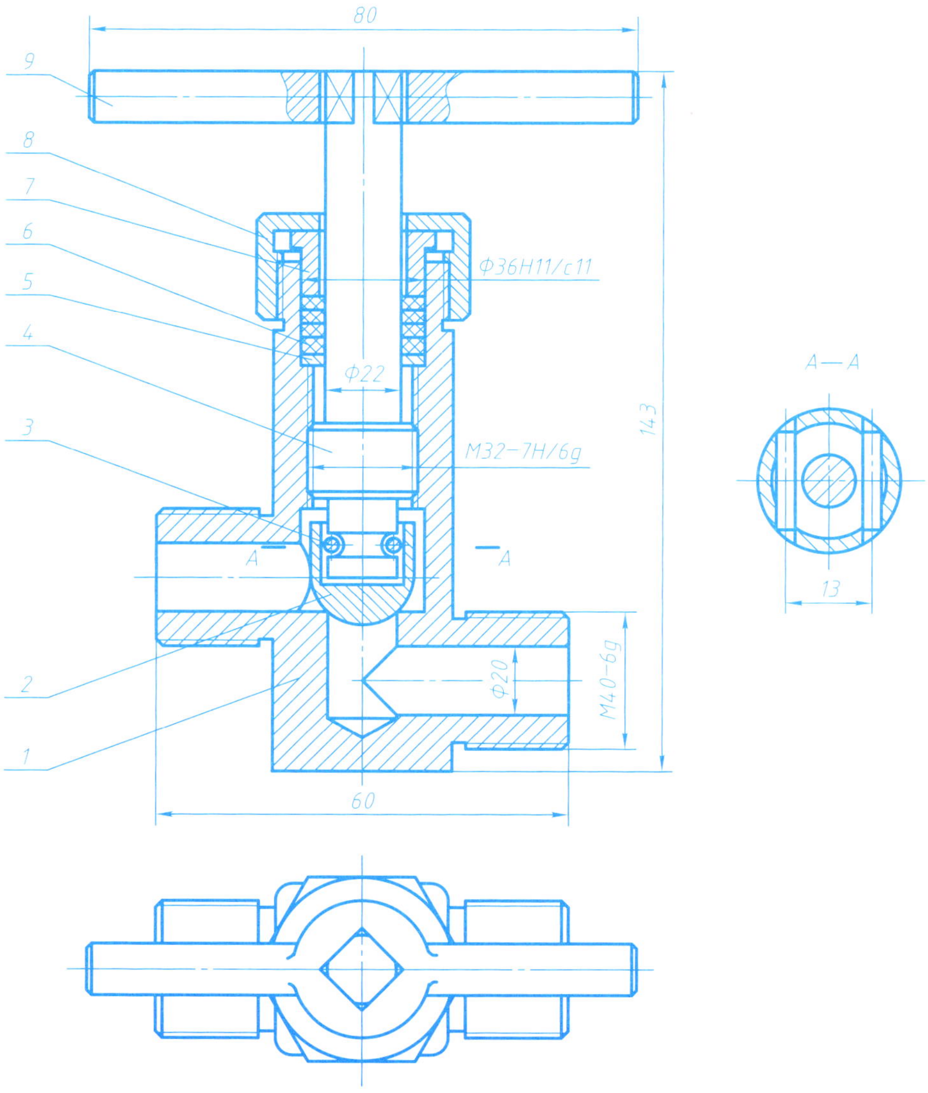

9	手柄	1	HT200	
8	螺母	1	HT200	GB/T6170
7	后盖	1	HT200	
6	填料	1	石棉绳	
5	垫圈	1	Q235-A	GB/T97
4	轴	1	45	
3	圆柱销	2	45	GB/T119.1
2	活门	1	45	
1	阀体	1	HT200	
序号	名称	数量	材料	备注

制图	（姓名）	（日期）	阀门	比例	
设计				（图号）	
（校名 学号）			（质量）		

姓名　　班级　　学号

5-2-3 阀门装配图的识读(续)

1. 阀门工作原理:

转动手柄使轴 4 升降,带动活门 2 打开或关闭阀口。连接活门与轴的圆柱销 3,处于轴的环形槽中,当拧紧阀门时,活门不会转动。

2. 回答下列问题(装配图见上页):

(1) 简要说明零件 2 活门的拆卸顺序____________________。

(2) 回答配合代号 $\phi 36H11/c11$ 的含义;公称尺寸是________;孔和轴的精度等级均为________;表示出其配合为________制________配合。

姓名　　　　班级　　　　学号

5-2-4 机用虎钳装配图的识读

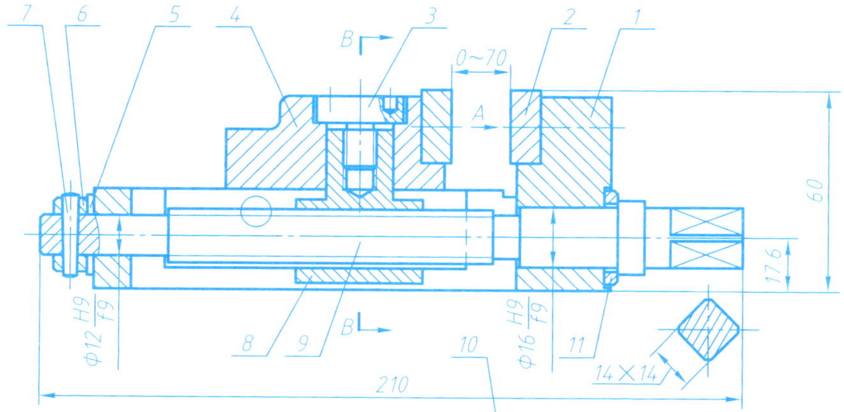

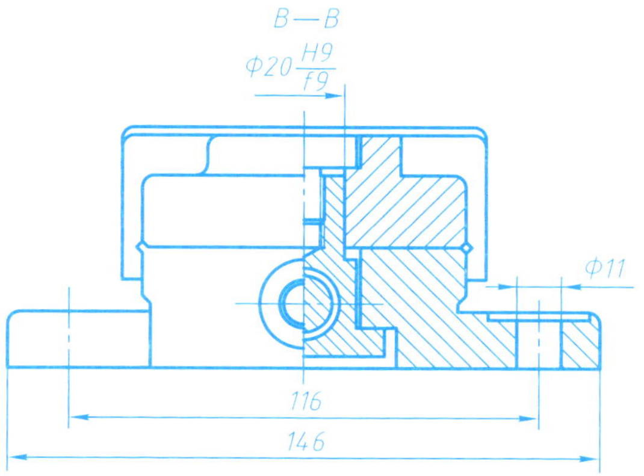

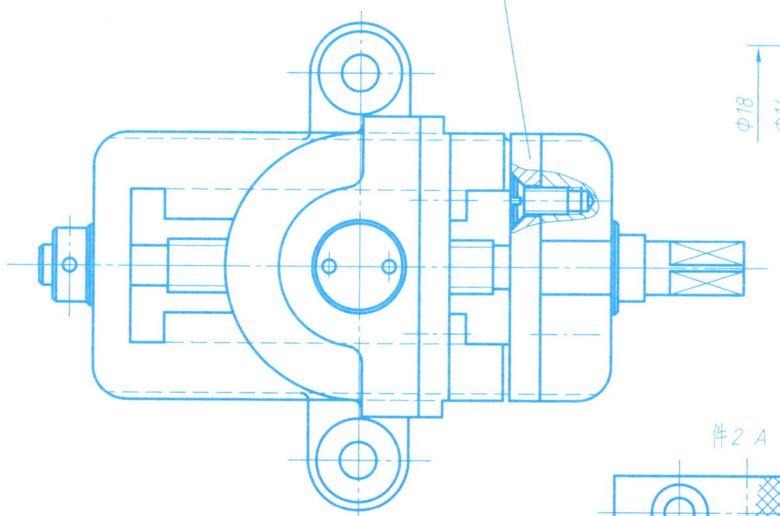

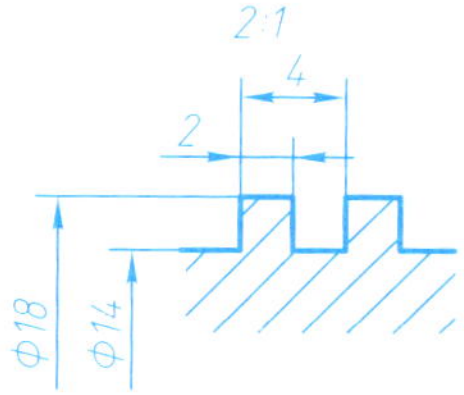

件2 A

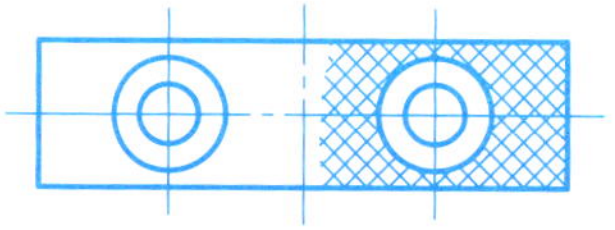

11	垫圈	1	Q235-A	
10	螺钉M8×18	1	Q235-A	GB/T 68
9	螺杆	1	Q275	
8	螺母	1	Q235-A	GB/T 117
7	销4×20	1	Q235-A	
6	环	1	Q235-A	
5	垫圈	1	Q215	
4	活动钳身	1	HT150	
3	螺钉盖	1	Q235-A	
2	护口片	2	45	
1	固定钳身	1	HT150	
序号	名称	数量	材料	备注

制图	（姓名）	（日期）	机用虎钳	比例 1:2
设计				（图号）
（校名　学号）			（质量）	

姓名　　班级　　学号

回答下列问题(装配图见上页):

(1) 该装配体共有________种零件组成。

(2) 该装配图共有________个图形,它们分别是________,________,________,________,________。

(3) 移出断面图表达的意图是________________________________。

(4) 局部放大图表达的意图是________________________________。

(5) 件 6 和件 9 是用________连接的。

(6) 件 9 螺杆与件 1 固定钳身左右两端的配合代号是什么? 它们是表示的________制________配合。

(7) 件 4 活动钳身是靠件________带它运动的,件 4 和件 8 是通过件________来固定的。

(8) 件 3 上的两个小孔起什么作用?

(9) 叙述机用虎钳的工作原理。

姓名 班级 学号

5-2-6 微动机构装配图的识读

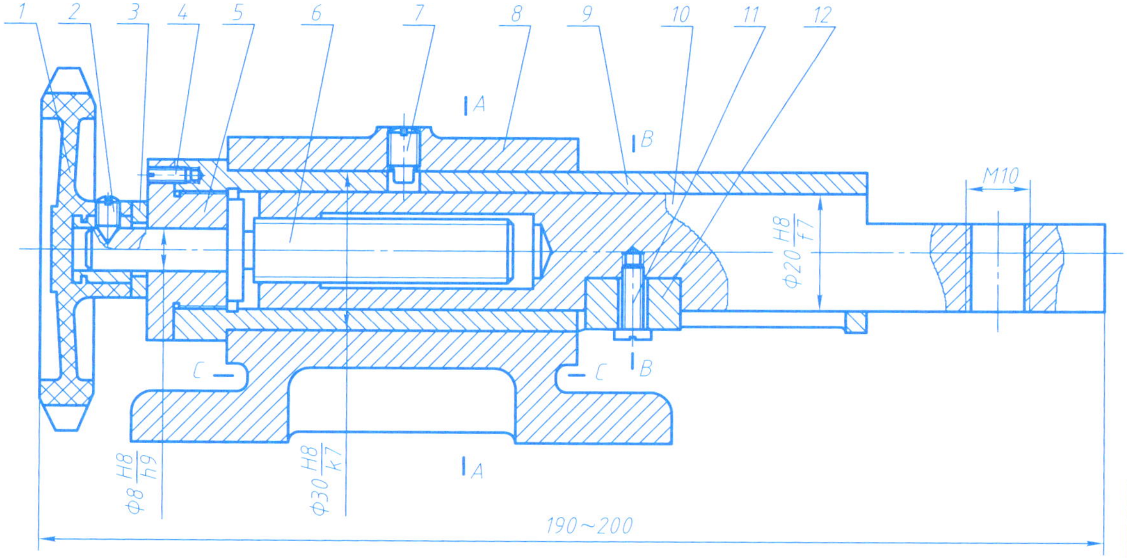

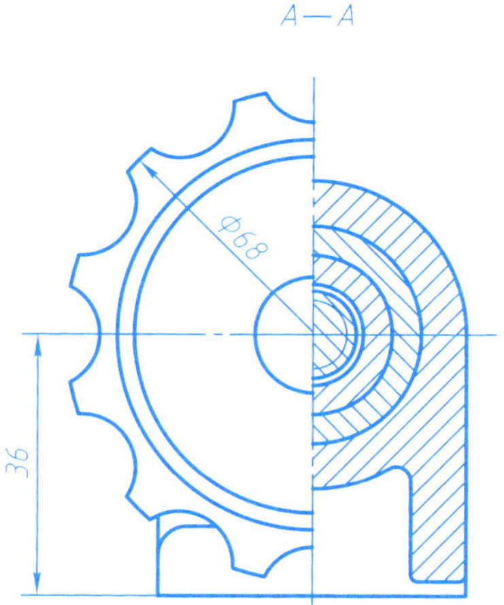

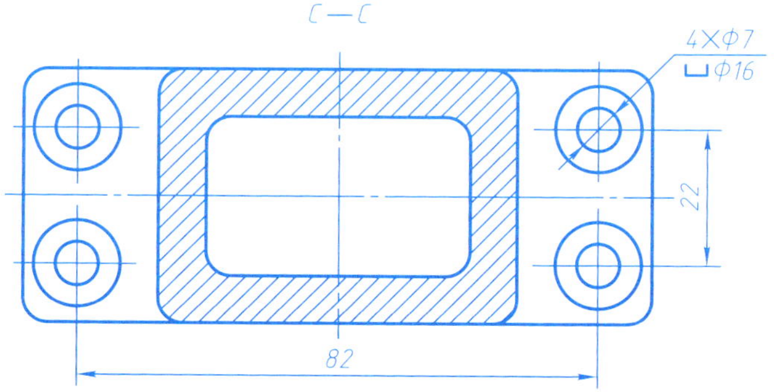

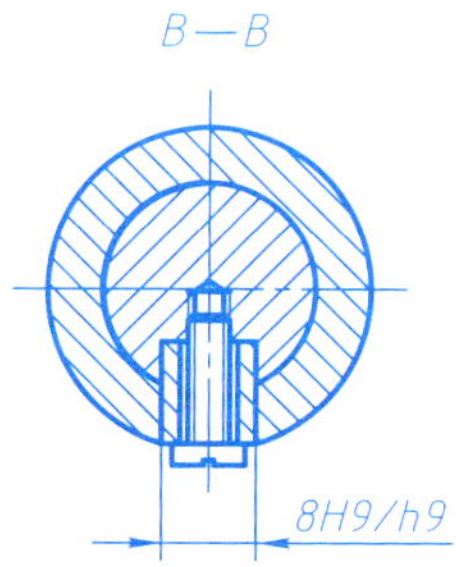

序号	名称	数量	材料	备注
12	键8×16	1	45	
11	螺钉M3×4	1	Q235-A	GB/T65
10	导杆	1	45	
9	导套	1	45	
8	支座	1	ZL103	
7	紧定螺钉	1	Q235-A	GB/T75
6	螺杆M6×12	1	45	
5	轴套	1	45	
4	紧定螺钉M3×8	1	Q235-A	GB/T73
3	垫圈	1	Q235-A	
2	紧定螺钉M5×8	1	Q235-A	GB/T71
1	手轮	1		
制图	（姓名）	（日期）	微动机构	比例
设计				（图号）
（校名 学号）			（质量）	

姓名　　班级　　学号

5-2-7　微动机构装配图的识读(续)

1. 微动机构工作原理:

转动手轮件 1,可使件 10 导杆左右移动,进行微动调节。

2. 回答下列问题(装配图见上页):

(1) 主视图表达了装配体的________;C—C 剖视图表达的重点是________。

(2) B—B 断面图主要表达件________的________________________作用。

3. 拆画序号为 10 或序号为 8 的零件图。

姓名　　　　班级　　　　学号

5-2-8 铣刀头装配图的识读

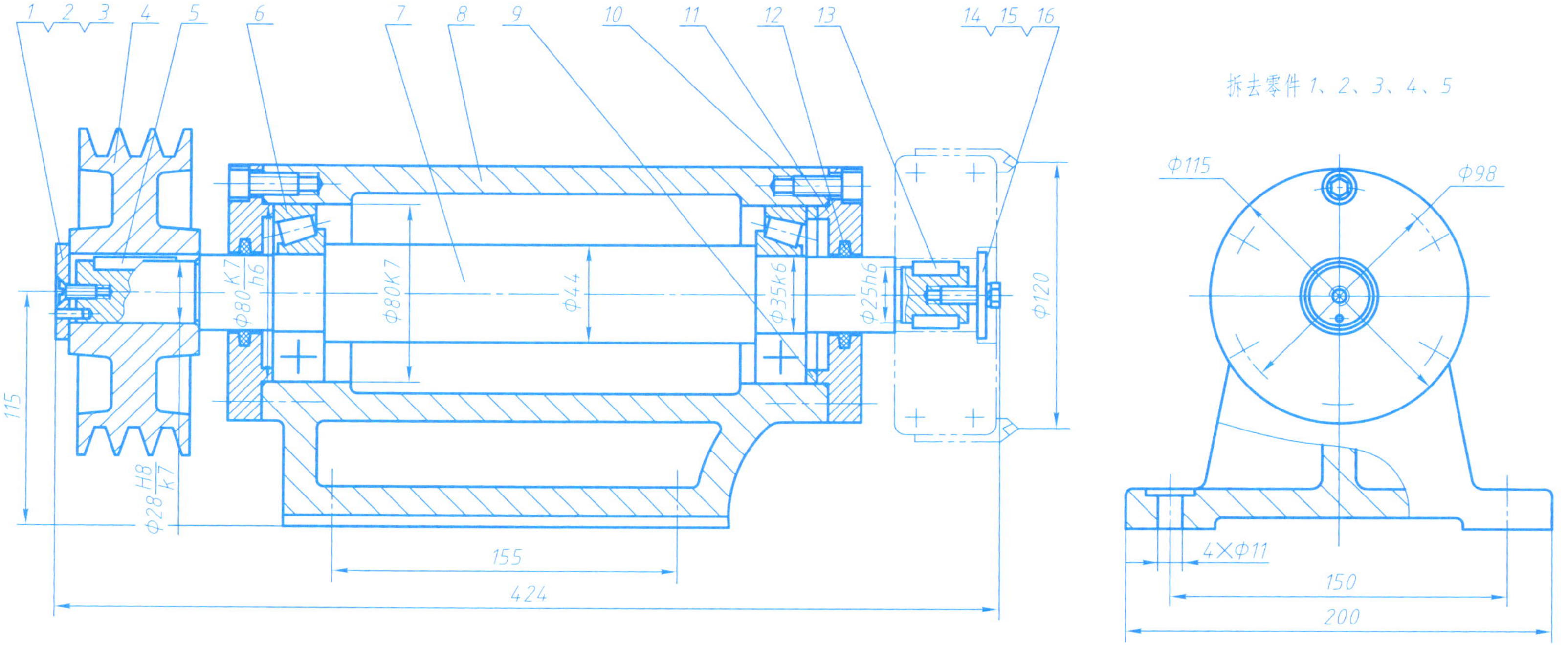

16	垫圈6	1	65Mn	GB/T93	6	轴承30307	2		GB/T294
15	螺栓M6×20	1	Q235-A	GB/T5783	5	键8×40	1	45	GB/T1096
14	挡圈B32	1	35	GB/T892	4	V带轮	1	HT150	
13	键6×20	2	45	GB/T1096	3	销3×12	1	35	GB/T119.1
12	毛毡25	2	222-36	无图	2	螺钉M6×18	1	Q235-A	GB/T68
11	端盖	2	HT200		1	挡圈35	1	Q235-A	GB/T891
10	螺钉M6×20	12	Q235-A	GB/T70.1	序号	名称	数量	材料	备注
9	调整环	1	35		制图	(姓名)	(日期)	铣刀头	比例 1∶2
8	座体	1	HT200		设计				(图号)
7	轴	1	45		(校名 学号)			(质量)	

姓名 班级 学号

回答下列问题(装配图见上页):

(1) 下面列出了视图名称及表达方法,请在有关系的两者之间画线。

主视图	局部剖视图
	全剖视图
左视图	拆卸画法
	假想画法

(2) 图中规格尺寸是________,安装尺寸是________,$\phi 28H7/k7$ 属于________尺寸。

(3) $\phi 80K7/h6$ 中 K7 是________件的公差带代号,h6 是________号件的公差带代号。

(4) 5 号件,13 号件的名称是________________,其作用是________________。

(5) 8 号件和 11 号件的连接是靠________号件,共________个,其分布情况从________图上可以看出。

(6) 12 号件的作用是________________________________。

(7) 4 号件是通过________________等号件与 7 号件连接在一起。

(8) 按带动铣刀盘转动的传动顺序依次写出零件序号________________。

(9) 11 号件正确的主视图图号是________。

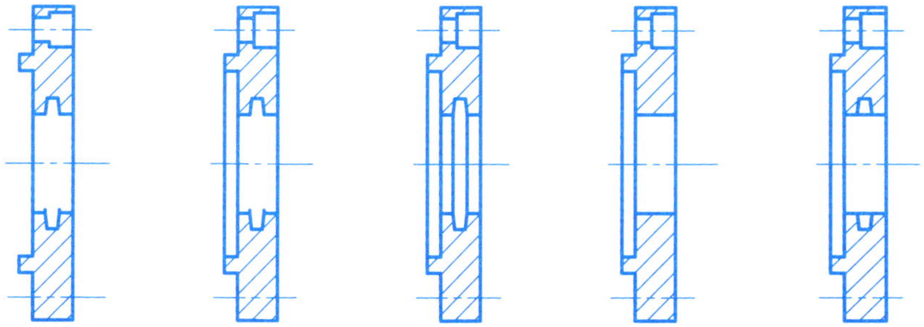

(a) (b) (c) (d) (e)

姓名　　　　班级　　　　学号

5-2-10 钻模装配图的识读

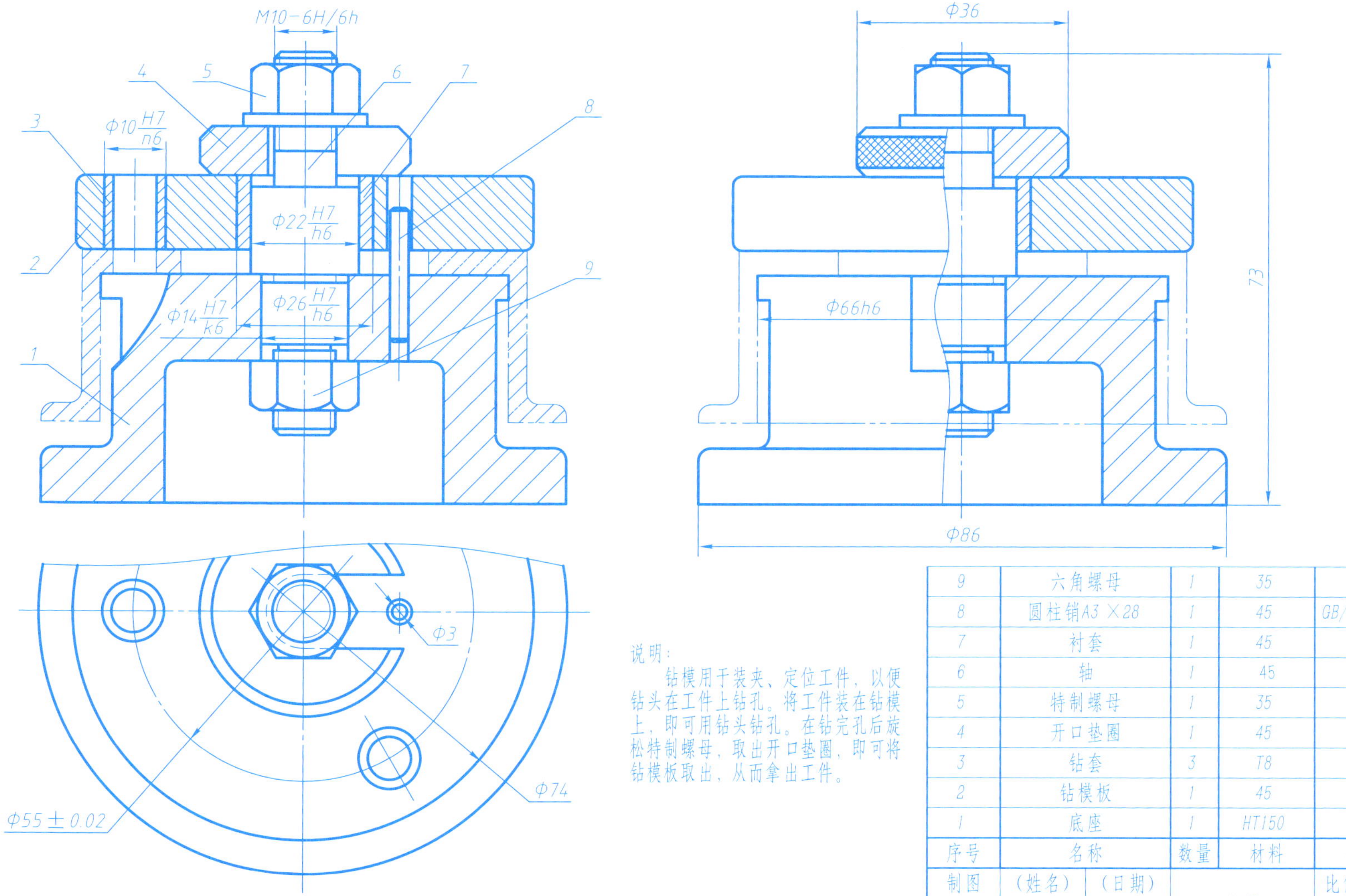

说明：

钻模用于装夹、定位工件，以便钻头在工件上钻孔。将工件装在钻模上，即可用钻头钻孔。在钻完孔后旋松特制螺母，取出开口垫圈，即可将钻模板取出，从而拿出工件。

9	六角螺母	1	35	
8	圆柱销A3×28	1	45	GB/T119.1
7	衬套	1	45	
6	轴	1	45	
5	特制螺母	1	35	
4	开口垫圈	1	45	
3	钻套	3	T8	
2	钻模板	1	45	
1	底座	1	HT150	
序号	名称	数量	材料	备注
制图	（姓名） （日期）	钻模		比例
设计				（图号）
（校名 学号）		（质量）		

姓名　　　　班级　　　　学号

5-2-11　钻模装配图的识读(续)

1. 钻模工作原理：

批量生产中，在钻床上钻孔的夹具通称钻模。图示钻模用于对铝制工件 $3\times\phi7$ 孔的加工。工件以 $\phi40H7$ 孔和内侧端面在件 1 底座上定位，装上件 2 钻模板后，再装上件 4 开口垫圈和件 5 特制螺母夹紧。钻头通过件 3 钻套钻孔。

2. 回答下列问题(装配图见上页)：

(1) 装配图的名称是________，由________个零件组成。

(2) 装配图由________个视图组成，主视图采用了________视图，俯视图采用了________视图的表达方法。

(3) 件 2 与件 3 是________配合，件 6 与件 7 是________配合，件 6 与件 1 是________配合。

(4) 拆卸工件时应先松件________，再取下件________，然后拿下钻模板，取出被加工的零件；钻模上装夹的工件共加工________个孔。

(5) 底座上三个圆弧槽的作用是________________。件 8 销的作用是________________。

(6) 拆绘件 1 底座、件 8 轴、件 2 钻模板的零件图。

姓名　　　　班级　　　　学号

模块六　使用第三角投影绘制机件图样

在指定位置补画所缺视图(用第三角画法)

1.

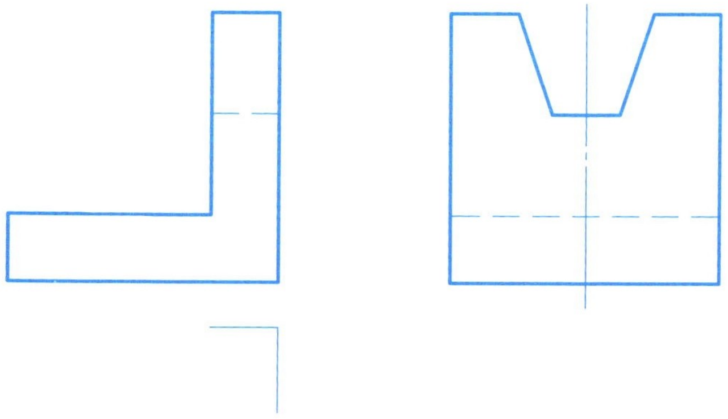

2.

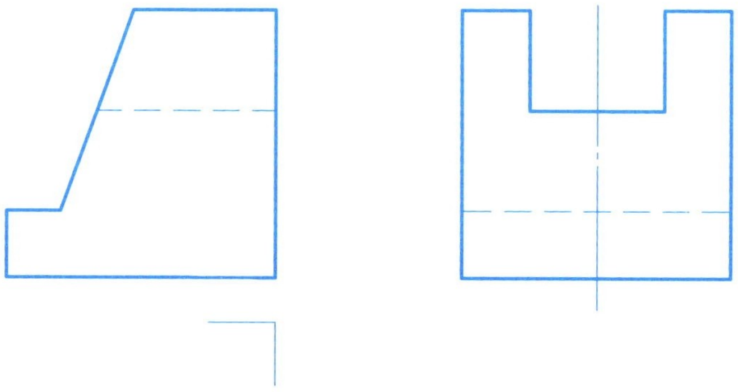

3.

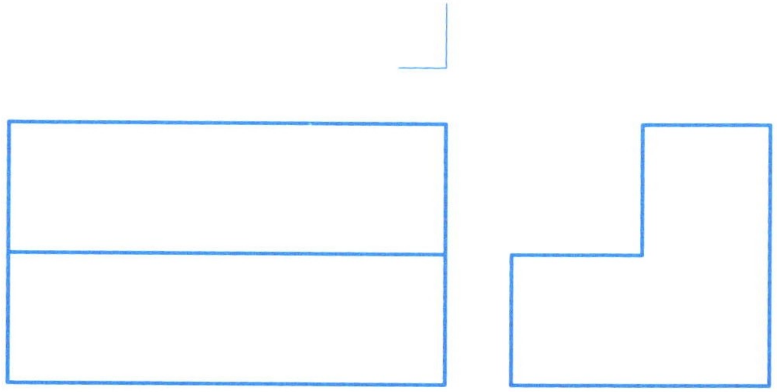

4.

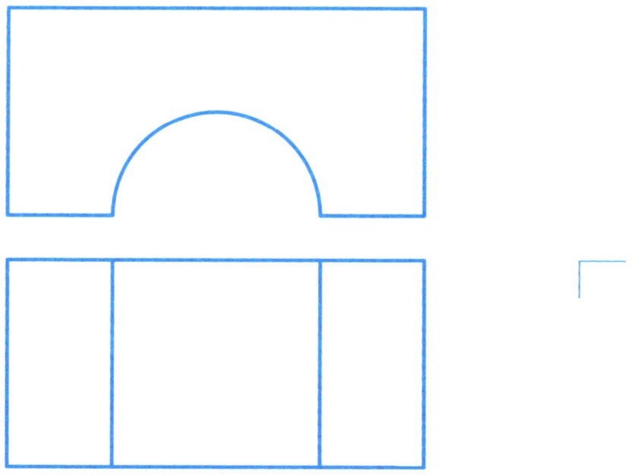

姓名　　班级　　学号